AUTORES:

JOSÉ MARÍA CAÑIZARES MÁRQUEZ
CARMEN CARBONERO CELIS

COLECCIÓN OPOSICIONES MAGISTERIO: EDUCACIÓN FÍSICA

EL ESQUEMA CORPORAL, EL PROCESO DE LATERALIZACIÓN:
DESARROLLO DE LAS CAPACIDADES PERCEPTIVO-MOTRICES.
(VOLUMEN 11)

WANCEULEN
Editorial Deportiva

COLECCIÓN OPOSICIONES MAGISTERIO: EDUCACIÓN FÍSICA

VOLUMEN 11.

EL ESQUEMA CORPORAL, EL PROCESO DE LATERALIZACIÓN. DESARROLLO DE LAS CAPACIDADES PERCEPTIVO-MOTRICES.

AUTORES

<u>José Mª Cañizares Márquez</u>

- Catedrático de Educación Física
- Tutor del Módulo del Practicum del Master de Secundaria
- Especialista en preparación de opositores
- Autor de numerosas obras sobre Educación y Preparación Física

<u>Carmen Carbonero Celis</u>

- D. E. A. en Instituciones Educativas
- Licenciada en Pedagogía
- Maestra de Primaria y Secundaria en centros de Educación Compensatoria
- Didacta presencial del Módulo de Pedagogía General en el CAP
- Profesora de Pedagogía Terapéutica en Centro Educación Primaria

Título: EL ESQUEMA CORPORAL, EL PROCESO DE LATERALIZACIÓN. DESARROLLO DE LAS CAPACIDADES PERCEPTIVO-MOTRICES.

Autores: José Mª Cañizares Márquez y Carmen Carbonero Celis

Editorial: WANCEULEN EDITORIAL DEPORTIVA, S.L.

C/ Cristo del Desamparo y Abandono, 56   41006 SEVILLA

Dirección web: www.wanceulen.com

I.S.B.N.: 978-84-9993-482-2

Dep. Legal:

© **Copyright:** WANCEULEN EDITORIAL DEPORTIVA, S.L.

Primera Edición: Año 2016

Impreso en España:

Reservados todos los derechos. Queda prohibido reproducir, almacenar en sistemas de recuperación de la información y transmitir parte alguna de esta publicación, cualquiera que sea el medio empleado (electrónico, mecánico, fotocopia, impresión, grabación, etc), sin el permiso de los titulares de los derechos de propiedad intelectual. Cualquier forma de reproducción, distribución, comunicación pública o transformación de esta obra solo puede ser realizada con la autorización de sus titulares, salvo excepción prevista por la ley. Diríjase a CEDRO (Centro Español de Derechos Reprográficos, www.cedro.org) si necesita fotocopiar o escanear algún fragmento de esta obra.

ÍNDICE

Presentación de la Colección.

Introducción

1. ASPECTOS COMUNES A TENER EN CUENTA EN EL EXAMEN ESCRITO.

    1.1. Criterios de corrección y evaluación que siguen los tribunales.
    1.2. Consejos sobre cómo estudiar los temas. Estrategias.
    1.3. Recomendaciones para la realización del examen escrito. Estrategias.
    1.4. Modelo estandarizado de presentación de examen escrito.
    1.5. Partes estándares a todos los temas.

2. EL ESQUEMA CORPORAL, EL PROCESO DE LATERALIZACIÓN. DESARROLLO DE LAS CAPACIDADES PERCEPTIVO-MOTRICES.

COLECCIÓN OPOSICIONES DE MAGISTERIO. ESPECIALIDAD DE EDUCACIÓN FÍSICA

PRESENTACIÓN DE LA COLECCIÓN

Los autores, con muchos años de experiencia en la preparación de oposiciones, hemos plasmado en esta Colección multitud de argumentos y detalles con la finalidad de que cada persona interesada en acceder a la función pública conozca minuciosamente todos los pormenores de la preparación.

La Colección está compuesta por una treintena de volúmenes, de los que veinticinco están dedicados a otros tantos capítulos del temario, y los cinco restantes a cómo hacer y exponer oralmente la programación didáctica y las UU. DD., así como a resolver el examen práctico escrito.

Los destinados a los temas llevan incorporados unos aspectos comunes previos sobre cómo hay que estudiarlos y consejos acerca de cómo realizar el ejercicio escrito.

Los aplicados al examen oral: defensa de la programación y exposición de las U.D.I., también llevan un capítulo referente a cómo es mejor hacer la expresión verbal, el mensaje expresivo, el esquema en la pizarra, etc.

Es decir, los autores no nos hemos ceñido a publicar un temario para las dos pruebas escritas (tema y casos prácticos) y las dos orales (programación y unidades). Hemos querido hacer partícipe de las técnicas que hemos seguido estos años y que tan buen resultado nos han dado, sobre todo a quienes sacaron plaza merced a su propio esfuerzo. No obstante, debemos destacar un aspecto capital: ratio del tribunal, es decir, ¿con cuántos opositores me tengo que "pelear" para conseguir la plaza?

Ya podemos ir perfectamente preparados, que si un tribunal tiene dos plazas para dar y hay diez opositores con un diez... la suerte de tener una décima más o menos en la fase de concurso nos dará o quitará la plaza.

Por otro lado, es conocido que desde hace año en España tenemos diecisiete "leyes de educación", es decir, una por autonomía, además de la que es común para todos y que, como las autonómicas, depende del partido político que gobierne en ese momento. No podemos obviar que la Educación y todo lo que le rodea -incluidos opositores- es un aspecto más de la política, si bien entendemos debería ser justo lo contrario. La formación de nuestros hijos no debe estar en función de unas siglas de unos partidos políticos, porque cuando uno consigue el poder, elimina por sistema lo hecho por el anterior, esté mejor o peor. Ejemplos, por desgracia, hay muchos desde la LOGSE/1990. Así pues, abogamos por un Pacto Educativo que incluya, lógicamente, a opositores y al Sistema de Acceso a la Docencia.

Esto trae consigo que, forzosamente, debamos basarnos en una línea de elementos legislativos. En nuestro caso, además de la nacional, nos remitimos a la de Andalucía. Por ello, las personas opositoras que nos lean deberán adecuar las citas legislativas autonómicas que hagamos a las de la comunidad/es donde acuda a presentarse a las oposiciones docentes.

Para cualquier información corta, los autores estamos a disposición de las personas lectoras en:

oposicionedfisica@gmail.com

INTRODUCCIÓN

Este volumen tiene dos partes claramente diferenciadas:

a) Por un lado tratamos diversos aspectos comunes a todos los temas escritos. Es decir, nos centramos en cómo hay que estudiarlos a partir de los propios criterios de valoración del examen que indica la Consejería de Educación de la Junta de Andalucía, y que suelen ser similares a los de otras autonomías. También incluimos los criterios de otras comunidades, pero no de todas porque se nos haría interminable.

Esta parte también incluye una serie de consejos acerca de cómo estudiar los temas, cuestión que no es baladí porque el opositor está muy limitado por el tiempo disponible para realizarlo.

Esto nos lleva a siguiente punto, el "perfil" de cada opositor, su capacidad grafomotriz muy a tener en cuenta para que en el tiempo dado seamos capaces de tratar el tema elegido con una estructura adecuada a los criterios de evaluación que el tribunal va a usar en la corrección.

Es muy corriente el comentario de "mientras más sepas, más nota sacas y más posibilidades de obtener plaza tienes". Esto trae consigo, en muchas ocasiones, que el opositor se encuentre con "montañas de papeles" sin estructurar, sin saber si un documento reitera lo de otro, sin dominar la capacidad de síntesis ante tanto volumen de definiciones, clasificaciones, teorías, opiniones, etc.

La realidad es muy distinta. El opositor debe llevar preparado al menos veinticuatro documentos (para tener el 100% de que le va a salir en el sorteo un tema estudiado concienzudamente), con la información muy exacta de lo que le da tiempo a escribir correctamente desde todos los puntos: científico, legislativo, autores, estructura del propio examen, sintaxis, ortografía, etc.

Muchas veces nos han preguntado por el conocimiento de los tribunales, si están al día, etc. Nuestra respuesta ha sido siempre la misma: "sabrán más o menos de cada uno de los veinticinco temas, lo leerán con más o menos detenimiento, pero seguro que lo que más saben es corregir escritos porque lo hacen a diario en sus aulas, de ahí que debamos prestar la máxima atención a estos aspectos formales". Para ello añadimos al final una hoja-tipo.

Completamos este primer capítulo con una tabla de planificación semanal que debemos hacer desde un principio para "obligarnos" y seguirla con disciplina espartana, si de verdad queremos tener éxito.

b) Por otro, el Tema 11 totalmente actualizado a fecha de hoy. La persona opositora debe, una vez conozca el volumen de contenidos que es capaz de escribir, hacer un resumen equitativo de cada punto y "cuadrarlo" a su capacidad grafomotriz. A partir de aquí, a estudiarlo... pero escribiéndolo ya que la nota nos la van a poner por lo que escribamos y cómo expresemos esos contenidos. Pero, si en la comunidad donde nos examinemos, el escrito hay que leerlo al tribunal, de nuevo lo haremos, cuanto antes mejor, para ensayar la lectura y que determinadas palabras no se nos "atraganten".

CRITERIOS DE CORRECCIÓN Y EVALUACIÓN QUE SIGUEN LOS TRIBUNALES

Consideramos imprescindible saber **previamente** cómo nos va a evaluar el Tribunal para realizar el examen con respecto a los ítem que va a tener en cuenta. Aportamos varios **modelos** que han transcendido y que, básicamente, se diferencian en la **formulación** de las consideraciones y en su valoración, no en el **fondo**.

CRITERIOS DE EVALUACIÓN EN ANDALUCÍA.

La Consejería de Educación de la Junta de Andalucía informa a los sindicatos, en mayo de 2007, sobre un "borrador" de criterios de evaluación para el "Concurso Oposición al Cuerpo de Maestros 2007". Posteriormente, como pudimos comprobar esa convocatoria y las siguientes, estos criterios se hicieron "firmes".

Transcribimos literalmente los cinco puntos a considerar sobre el tema escrito:

<u>CRITERIOS GENERALES TEMA ESCRITO</u>

Estructura del tema.

a) Presenta un índice.
b) Justifica la importancia del tema.
c) Hace una introducción del mismo.
d) Expone sus repercusiones en el currículum y en el sistema educativo.
e) Elabora una conclusión acorde con el planteamiento del tema.

Contenidos específicos.

a) Adapta los contenidos al tema.
b) Secuencia de manera lógica y clara sus apartados.
c) Argumenta los contenidos.
d) Profundiza en los mismos.
e) Hace referencia al contexto escolar.

Expresión.

a) Muestra fluidez en la redacción.
b) Hace un uso correcto del lenguaje, con una buena construcción semántica.
c) Emplea de forma adecuada el lenguaje técnico.

Presentación.

a) Presenta el escrito con limpieza y claridad.
b) Utiliza un formato adecuado teniendo en cuenta el apartado 4 del artículo 7.4.1. de la Orden de 24 de marzo de 2007, BOJA nº 60 del 26/03/2007.
Nota: Se refiere a aspectos formales tales como no firmar el examen, entregarlo en un sobre con etiquetas, etc.

Bibliografía/Documentación.

a) Fundamenta los contenidos con autores o bibliografía.
b) Sitúa el tema en el marco legislativo pertinente.

La Consejería de Educación de la Junta de Andalucía informa a los sindicatos, en **junio de 2015**, sobre los criterios de evaluación para el "Concurso Oposición al Cuerpo de Maestros 2015". Transcribimos literalmente los cuatro puntos a considerar sobre el tema escrito:

CRITERIOS GENERALES A TENER EN CUENTA EN LA CORRECCIÓN DEL TEMA ESCRITO (JUNIO 2015).

1. Estructura del tema.

a) Secuencia de manera lógica y clara cada uno de los apartados del tema
b) Expone con claridad

2. Contenidos.

a) Argumenta y justifica científicamente los contenidos
b) Conoce y tarta con profundidad el tema
c) Realiza una transposición didáctica de la teoría expuesta a la práctica
d) Fundamenta los contenidos con autores y bibliografía que realmente hagan referencia al contenido en cuestión, así como a la normativa vigente

3. Expresión.

a) Redacta con fluidez
b) Usa correctamente el lenguaje y presenta una adecuada construcción sintáctica
c) Usa con propiedad el lenguaje técnico específico de la especialidad
d) No se aprecian divagaciones, reiteraciones, etc.

4. Presentación.

a) El ejercicio es legible: no hay que estar deduciendo qué quiere decir ni traduciendo el texto
b) Se observa limpieza y claridad en el ejercicio
c) Usa un formato adecuado

CRITERIOS GENERALES A TENER EN CUENTA EN LA CORRECCIÓN DEL TEMA ESCRITO
(Comunidad de Castilla-La Mancha)

Los criterios de evaluación del tema escrito (Comunidad de Castilla-La Mancha), que tuvieron los tribunales en cuenta en la convocatoria de 2007 y que fueron establecidos por la Comisión de Selección de la Especialidad de Educación Física, son:

CRITERIOS PARA EVALUAR EL TEMA ESCRITO. PARTE "A"	Puntuación
1.- Introducción, justificación, índice y mapa conceptual.	(MÁXIMO 1,5 puntos)
2.- Contenidos específicos	
2.1.- Trata todos los epígrafes del tema. 2.2.- Adecuación de los contenidos al tema. Los contenidos se ajustan al tema. 2.3.- Profundización de los mismos. 2.4.- Organización lógica y clara en cada punto. Atendiendo al índice. 2.5.- Argumentación de los contenidos. 2.6.- Referencia al contexto escolar. 2.7.- Relaciona con otros temas del currículum. 2.8.- Originalidad y creatividad en el tema.	(MÁXIMO 6,5 puntos)
3.- Bibliografía	
3.1.- Bibliografía específica del tema. Cita autores y hace referencias bibliográficas. 3.2.- Aspectos legislativos. Hace referencia a la legislación nacional y autonómica.	(MÁXIMO 0,75 puntos)
4.- Conclusión y valoración personal	(MÁXIMO 0,75 puntos)
5.- Aspectos formales. Presentación, estructura, organización, uso de vocabulario técnico.	(MÁXIMO 0,5 puntos)
6.- Errores	
a. Divagaciones b. Faltas de ortografía c. Errores garrafales	SE VALORARÁ NEGATIVAMENTE POR PARTE DEL TRIBUNAL
Total	10 Puntos.

OTROS CRITERIOS GENERALES A TENER EN CUENTA EN LA CORRECCIÓN DEL TEMA ESCRITO

Otros tribunales siguieron unos criterios de evaluación del examen escrito como los que ahora reflejamos:

	CRITERIOS PARA EVALUAR EL TEMA ESCRITO	
1	Introducción, índice y mapa conceptual	Máximo 1 punto
2	Nivel de contenidos	Máximo 5 puntos
	2.1. Trata todos los epígrafes del tema	
	2.2. Los contenidos se ajustan al temario	
	2.3. Relaciona con otros temas del curriculum	
	2.4. Hace referencia a la legislación nacional y autonómica	
	2.5. Cita autores y/o referencias bibliográficas	
3	Aspectos formales: presentación, estructura, organización, vocabulario y ortografía	Máximo 3 puntos
4	Conclusión, valoración personal y bibliografía	Máximo 1 punto

Esta tabla tuvo su origen en la Convocatoria de Castilla La Mancha hace unos años. Sus criterios siguen vigentes.

Cuadro resumen de los Criterios de Evaluación	Temas A

1.- Contenidos específicos
  a. Adecuación de los contenidos al tema.
  b. Profundización de los mismos.
  c. Organización lógica y clara en cada punto (Índice).
  d. Argumentación de los contenidos.
  e. Referencia al contexto escolar.
  f. Originalidad y creatividad en el tema.
	2,75 puntos

2.- Introducción y conclusión
  a. Justificación de la importancia del tema.
  b. Repercusiones en nuestra área y en el Sistema Educativo.
  c. Buena introducción del tema.
  d. Conclusión.
	0,5 puntos

3.- Expresión
  a. Fluidez del discurso.
  b. Buena redacción, sin errores sintácticos, redundancias...
  c. Uso del lenguaje técnico.
	1 puntos

4.- Presentación
  a. Limpieza y claridad.
  b. Formato con variedad de recursos (gráficos, sangrías, diferenciación entre títulos, subtítulos, contenidos, esquema, etc.)
	0,5 puntos

5.-Bibliografía
  a. Bibliografía específica del tema.
  b. Aspectos legislativos.
	0,25 puntos

Penalizaciones
  a. Divagaciones
  b. Faltas de ortografía
  c. Errores garrafales
	A restar según criterio del propio tribunal

Totales	5 Ptos.

En **2013**, la Convocatoria de Primaria en **Castilla-La Mancha** incluían estos **criterios**:

PARTE 1B *DESARROLLO DE UN TEMA DE LA ESPECIALIDAD*	PESO ESPECÍFICO
1. Estructurar el tema de forma coherente, secuenciada, justificada y equitativa con todos los apartados.	25%
2. En relación a los contenidos desarrollados, responder al tema planteado, adaptándose al currículum, con aportaciones teórico-prácticas, siendo funcional para la práctica docente.	40%
3. Ser original y creativo en el desarrollo del tema, estableciendo conexiones con otros contenidos del currículum, con aportaciones personales fundamentadas que revelan la creación propia e inédita del mismo.	15%
4. El tema será afín a unas bases teóricas, a una fundamentación científica de la que parte el currículum, al tiempo que aporta ideas nuevas.	5%
5. Mostrar una lectura fluida y comprensible, con una actitud transmisora y un desarrollo expositivo que se ciñan al tema.	15%

En la Convocatoria de **Secundaria** de **Andalucía** de **2016**, los criterios o "indicadores" a tener en cuenta por los tribunales para el examen escrito, son:

INDICADORES

● ESTRUCTURA DEL TEMA:

- Índice (adecuado al título del tema y bien estructurado y secuenciado).
- Introducción (justificación e importancia del tema).
- Desarrollo de todos los apartados recogidos en el título e índice.
- Conclusión (síntesis, donde se relacionan todos los apartados del tema).
- Bibliografía (cita fuentes diversas, actualizadas y fidedignas).

● EXPRESIÓN Y PRESENTACIÓN:

- Fluidez en redacción, adecuada expresión escrita: ortografía y gramática.
- Riqueza y corrección léxica y gramatical (IDIOMAS).
- Limpieza y claridad.

● CONTENIDOS ESPECÍFICOS DEL TEMA:

- Nivel de profundización y actualización de los contenidos.
- Valoración o juicio crítico y fundamentado de los contenidos.
- Ilustra los contenidos con ejemplos, esquemas, gráficos…
- Secuencia lógica y ordenada.
- Uso correcto y actualizado del lenguaje técnico.

CONSEJOS SOBRE CÓMO ESTUDIAR LOS TEMAS. ESTRATEGIAS.

Exponemos una serie de consejos que solemos dar a nuestros opositores:

- Cada uno tiene un "método" que ha experimentado durante su vida de estudiante, sobre todo a nivel universitario, de ahí que nuestra influencia sea relativa. No obstante, muchos nos reconocen que *"nunca hemos estudiado en profundidad hasta comenzar a prepararnos las oposiciones"*.

- Reconocemos que hay **múltiples** formas de estudio. Hemos tenido opositores que necesitaban estar tumbados, otros sentados y en total silencio, otros tenían que tener forzosamente una tenue música de fondo, etc. Es decir, existen muchas maneras con más o menos **dependencia/independencia** de **campo**.

- Unos precisan **luz** natural, otros luz blanca o azul, con flexo cercano o con la de la lámpara del techo…

- Hay quien prefiere estudiar a base de **resúmenes** hechos en un procesador de textos y otros, en cambio, tenían que estar a mano.

- Muchos prefieren **grabar** verbalmente los contenidos para reproducirlos cuando viaja, corre, nada o anda y así aprovechar estos "tiempos muertos".

- Otros requieren **gráficos** y mapas conceptuales. Incluso, hemos tenido los que preferían hacer un póster-esquema y colgarlo a la pared para leerlo de pie…

- Otro grupo lo conforman aquellos que prefieren subrayar o señalar los puntos clave con rotulador marcador tipo fluorescente, otros a lápiz… Eso sí, lo señalado debe tener encadenamiento o cohesión interna para verterlo, ya redactado, en el examen, de ahí que **debamos estudiar escribiendo**, porque el examen escrito trata de ello.

- Debemos usar bolígrafos de gel por ser más rápidos en su trazo y papel tamaño A4, que es el que nos van a proporcionar el día del examen. Ojo a los tipos de **bolígrafos permitidos** por los tribunales, debemos estar muy atentos a lo que nos dicen el día de la **presentación**. Independientemente de ello, debemos acostumbrarnos a poner el folio directamente sobre la superficie dura de la mesa, ya que así la velocidad de escritura es superior que si lo situamos encima de otros folios porque éstos hacen que el espacio de apoyo nos frene por ser más blando. Un **reloj** para controlarnos los tiempos es imprescindible también.

- En cualquier caso, no sería bueno estudiar más de dos horas seguidas, sobre todo si estamos sentados. Ello, normalmente, acarrea contracturas dorso-lumbares, en los miembros inferiores, etc. con el consiguiente dolor y molestia. Lo mismo podemos decir a nivel de nuestra visión.

- Realizar **actividad física o deportiva** varias veces a la semana es muy aconsejable por simple razón de compensación y revitalización personal.

- Es bueno, pues, cada dos horas aproximadamente, hacer un **alto horario** de 8-10 minutos para despejarnos mentalmente y estirarnos físicamente. Beber **agua** y la ingesta de **fruta** suele ser positivo. Esto es extensible al día del examen de la oposición.

- No obstante, si la convocatoria nos dice que el escrito durará más de este tiempo, debemos paulatinamente aumentar las dos horas hasta llegar al **tope** marcado.

- Siempre recomendamos realizar una **planificación** semanal personalizada, que regule nuestro **tiempo** destinado al estudio (avance y repaso de los temas del escrito, casos prácticos, exposición oral), al trabajo, deporte, ocio, obligaciones familiares, etc. Ver tabla/ejemplo en la página siguiente.

- **¿Cuánto tiempo dedicar al estudio?** No podemos dar "recetas" pues depende del nivel previo de cada opositor. Hay quien trae excelentes aprendizajes previos de la carrera y hay quien ese nivel lo trae demasiado básico. Otros ya tienen experiencias en oposiciones, etc. Así pues cada uno debe auto regularse en función de sus capacidades y sus circunstancias personales. Genéricamente podemos indicar que, al menos, 4-6 horas/día divididas por un descanso de 10-15 minutos puede ser un estándar adecuado. A partir de ahí, personalizar en función del avance o no obtenido.

- Siempre debemos tener un "**molde personal**" en función de la capacidad grafomotriz, habida cuenta el **ahorro** de tiempo y energía que nos supone seguir esta estrategia.

- De cualquier forma, debemos respetar el dicho popular "*lo que no se recuerda, no se sabe*", de ahí **memorizar comprensivamente** lo más significativo.

- La **memoria**, al igual que ocurre con la condición física, se mejora ejercitándola con frecuencia.

- Tan importante es memorizar un tema nuevo como no olvidar los ya aprendidos, por lo que es necesario **consolidar**, repasando, lo estudiado. Comprobar que dominamos temas anteriores mejora nuestra capacidad de auto concepto.

- De ahí la importancia de estudiar teniendo delante nuestro **resumen personalizado** y olvidarnos de aumentar los contenidos del tema porque, además de crearnos inquietudes, posiblemente no podamos reflejar todo lo que sabemos en el tiempo que tenemos de examen.

Mostramos en el siguiente **gráfico** un claro y rápido ejemplo de cómo auto planificarse el estudio durante la semana a partir de tres **módulos** diarios:

EJEMPLO DE PLANIFICACIÓN SEMANAL-TIPO
Combinación de estudio-repaso-programación-UU.DD.-prácticos-trabajo profesional-descanso

LUNES	MARTES	MIÉRCOLES	JUEVES	VIERNES	SÁBADO	DOMINGO
MAÑANA	MAÑANA	MAÑANA	MAÑANA	MAÑANA	MAÑANA	MAÑANA
TRABAJO	Estudio tema nuevo semana	TRABAJO	Repaso tema nuevo	TRABAJO	Casos Prácticos	Libre
TRABAJO	Estudio tema nuevo semana	TRABAJO	Programación	TRABAJO	Casos Prácticos	Libre
TARDE	TARDE	TARDE	TARDE	TARDE	TARDE	TARDE
Estudio tema nuevo semana	Programación	Repaso temas anteriores	UU. DD.-U.D.I.	Sesión de clase con preparador	Repaso temas anteriores	Repaso temas anteriores

RECOMENDACIONES PARA LA REALIZACIÓN DEL EXAMEN ESCRITO. ESTRATEGIAS.

NOTA: Muchos de los consejos que ahora damos, sobre todo los relacionados con la presentación, escritura, etc. son también aplicables a la realización por escrito de los casos prácticos, si los hubiera.

En las convocatorias anteriores se ha comprobado que la mayoría de aprobados en el examen escrito tenían **buena letra**, además de contenidos notables. Efectivamente, entre los criterios de evaluación que utilizan los tribunales hay algunos puntos destinados a la **presentación** que no podemos desechar. Incluso, si la Orden de la Convocatoria indica que el opositor deberá **leer** su propio **examen** ante el tribunal, éste suele comprobar posteriormente su estructura, sintaxis, ortografía, etc.

No llegar a tiempo a los llamamientos supone la primera **precaución** a tomar. En ocasiones, las instalaciones donde se celebran las oposiciones se ven saturadas desde varios kilómetros antes de llegar. A ello hay que sumar el tiempo para aparcar, buscar el aula asignada, etc. **Llegar tarde** puede suponer la **no presentación** y la consiguiente **eliminación**.

Gracias a las observaciones hechas por los tribunales de años anteriores y por los criterios de evaluación que han transcendido, estamos en disposición de apuntar una serie de anotaciones a considerar por las personas opositoras durante su periodo de preparación con nosotros. Habitualmente los tribunales reservan parte de la nota total para los **aspectos "formales"** del examen, que ahora comentamos. Esto es de vital importancia porque dos opositores con igual cantidad y calidad de contenidos, sacará mejor nota quien mejor lo presente. Ante ello, reservar algunos minutos para poder **revisar** el examen antes de entregarlo, teniendo en cuenta lo siguiente:

- Nadie aprueba con **mala letra**. Igual decimos de la presentación y limpieza.
- Esto lo hacemos extensivo a las faltas de **ortografía**, acentuación, mala **sintaxis**, incorrecciones **semánticas**, **expresión** y **redacción**, **vulgarismos**, **repetir la misma palabra** continuadamente, **tachones**, suciedad, etc. No podemos "escribir igual que hablamos". También, no poner el número del tema elegido o su título. Otro error habitual es el mal uso de los puntos, bien seguido, bien aparte.
- Debemos escribir por **una carilla** -al menos que el tribunal indique otra cosa- con letra más bien grande para facilitar su lectura. No poner detalles como "no recuerdo..."; "creo que..."; "no me da tiempo..."; "me parece que es...".
- La **media** de **folios** (carillas o páginas) que suelen hacer nuestros preparados están entre **14 y 16**, con **17-22 renglones** cada una (20 lo habitual) y **9 palabras/renglón**, teniendo en consideración unos **márgenes laterales** y **superior e inferior** de 2 a 2'5 centímetros. No obstante, conforme avanza la preparación y la habilidad para escribir este tipo de examen, hay quien aumenta el volumen de páginas de manera significativa, pero siempre manteniendo y respetando los criterios de evaluación que suelen tener los tribunales: letra, limpieza, construcción semántica, ortografía, etc. Si preferimos escribirlo en un procesador de textos, como puede ser "Word", el número de palabras suele estar alrededor de las 2400-2700, aproximadamente.
- Los **renglones** deben ser **paralelos** y siempre con el mismo **interlineado**. En caso de tener problemas para hacerlo, podemos llevarnos una **plantilla** ya hecha, como una hoja tamaño folio de cuaderno de rayas, o bien hacerla allí

mismo con lápiz y regla. Si tampoco pudiese ser (a veces los tribunales han hecho especial hincapié en "no entrar con plantilla, regla, etc."), nos esmeraríamos en la realización de la primera página, aunque tardásemos más tiempo, y ésta nos serviría como "falsilla" o planilla de renglones. Otro "**truco**" es hacerla a partir del **DNI** al que previamente le hemos hecho unas señales minúsculas con la anchura que deseamos. Éste nos sustituiría a la regla.

- No se puede ser "loco o loca" escribiendo. Para ello es importante el **entrenamiento** durante el periodo de preparación. De ahí surge la **automatización** de todos estos aspectos, además del sangrado, márgenes, etc. No poner abreviaturas.
- Por otro lado debemos **numerar** las hojas, incluso algunos lo hacen poniendo "1 de 15; 2 de 15...".
- La utilización de **dos colores** de tinta **no** suele estar **permitido**, como tampoco subrayados para señalizar los títulos, epígrafes, ideas fundamentales, etc., al menos que el tribunal exprese lo contrario. En todo caso, **preguntar** al tribunal antes de empezar si es posible su uso, así como de tippex. También si se pueden poner gráficos, flechas, tablas, etc., si el tribunal lo permite, pero la Orden de la Convocatoria suele prohibirlo por considerarlo posible "**señal**". Un **bolígrafo** tipo **gel** y apoyarnos sobre un **superficie dura** para que éste se deslice mejor, nos permite mayor velocidad de escritura manteniendo su calidad. Quienes suelen hacer tachaduras, previendo que no les dejen usar tippex, pueden optar por un **bolígrafo borrable por fricción** (marca Pilot o similar) que elimina cualquier rastro de su propia tinta. No obstante, determinados "bolígrafos rápidos" que se basan en tinta tipo gel, suelen ser peor para opositores **zurdos**, por razones obvias. Recordamos la necesidad de seguir exactamente las **instrucciones** que nos dé el tribunal al respecto, habida cuenta tenemos experiencias sobre la **anulación** de exámenes por el uso de este tipo de herramienta de escritura.
- No olvidemos que la mayoría de los títulos de los temas tienen tres puntos, por lo que debemos **dividir** la totalidad de materia que escribamos en tres partes similares. De esa forma, evitamos exponer mucho contenido de una parte en perjuicio de otra. Así pues, normalmente haremos tres puntos con varios sub-puntos cada uno buscando la conexión entre los mismos. Además, pondremos el **índice** al principio, tras el título, **introducción**, **conclusiones**, **bibliografía** -que incluye la legislación- y webgrafía. En **resumen**, queda muy bien, limpio y "amplio", la estructuración del examen de esta manera:

    - **Título** del Tema. 1ª página. Mayúsculas y en una única página.
    - **Índice**. 2ª página. En una sola página.
    - **Introducción**. 3ª y 4ª página. Debe tener cierta peculiaridad con objeto de atraer la curiosidad del corrector. Nombrar los descriptores del título y en cada uno dar una o dos referencias del mismo. Podemos "presentarlo" a través de su importancia en el currículo y citar sus referencias legislativas. Usar, preferentemente, dos páginas.
    - **Apartados o descriptores** y los sub-apartados. 5ª página. Es el eje alrededor del cual gira la nota relativa a los contenidos. Incluye definiciones, clasificaciones, teorías, líneas metodológicas, referencias curriculares, aplicaciones prácticas, actividades, etc., todo ello citando a autores y normativa que luego quedarán reflejados en la bibliografía, pero con una redacción técnica. En cualquier caso debemos marcar claramente cuándo finalizamos el primer punto y comenzamos el siguiente. Si somos "olvidadizos", podemos dejar un interlineado relativamente amplio por si nos acordamos después de algún detalle olvidado y deseamos incorporarlo sin tachones.

- **Conclusiones**. Lo más notable que hemos tratado, los puntos clave. Al ser lo último que el corrector lee, deben estar muy cuidadas porque puede influir decisivamente en la nota.
- **Bibliografía**. Reseñar algún libro "comodín" y de los autores nombrados anteriormente. También la legislación significada.
- **Webgrafía**. Alguna general, como revistas digitales, o específica.

En cualquier caso, es **imprescindible** conocer los **criterios de evaluación** que van a seguir los tribunales, máxime si son públicos, como viene ocurriendo en varias comunidades autónomas, y en Andalucía de forma más concreta, tal y como hemos citado en el capítulos anteriores. Debemos, pues, hacer caso de ellos y citar o desarrollar todos los **aspectos** que los criterios mencionan.

Precisamente, el tiempo no lo podemos "regalar" ni despreciar, por lo que si terminamos el examen y aún quedan cinco o diez minutos, debemos **repasar** lo escrito por si se nos ha olvidado algo relevante o no hemos puesto la debida atención a las faltas gramaticales, sesgos sexistas, escritura con "códigos SMS", etc. Así pues, debemos agotar el tiempo subsanando cualquier error.

Si la preparación ha sido buena, nada más hacerse el sorteo de los temas, debemos decidirnos por uno. Inmediatamente nos concentramos y empezamos a desarrollarlo, porque debemos ya tener "**automatizada**" su escritura. Si empezamos a dudar, comenzamos a perder el escaso tiempo que nos dan.

En caso de haber estudiado con "**esquemas**", lo mejor sería hacernos uno en sucio para usarlo como guía en la redacción del examen. Este folio nos sirve también para tomar notas, para ir estructurando el tema, etc. Pero, repetimos, la escritura del tema debemos tenerla automatizada porque si no perdemos el tiempo. Esta hoja la destruiríamos al terminar.

Si hemos preparado una introducción, conclusiones, bibliografía y webgrafía "estándar", podemos irlas escribiendo en el llamado "**tiempo perdido**" que suele haber desde que nos dan los folios hasta que sortean los números de los temas. Después podemos añadir los rasgos específicos del tema ya elegido.

Nuestros preparados suelen preguntarnos por la expresión a usar. Aconsejamos el "**plural mayestático**" (*nosotros, ahora vemos, podemos seguir, observamos*, etc.)

Otro aspecto importante es la **elección** del tema de entre los sorteados. Debemos hacer el que dominemos mejor, el que ya lo hayamos escrito muchas veces durante la preparación, el que nos garantice escribir más folios, en suma, el que nos dé más seguridad.

No olvidar llevarse **agua** y alguna pieza de **fruta**. Normalmente a finales de junio suele hacer mucho **calor** y la sensación de éste aumenta con la tensión del examen.

Ahora adjuntamos una **hoja con un resumen** de los **aspectos formales** del examen escrito del tema, aunque aplicable también a la redacción de los **casos prácticos**.

MODELO ESTÁNDAR DE PRESENTACIÓN PARA PRUEBA ESCRITA

2.- COORDINACIÓN Y EQUILIBRIO EN LA INICIACIÓN AL FÚTBOL ESCOLAR

2.1. CONCEPTUALIZACIONES PRELIMINARES.

Desde un primer momento es adecuado tener en cuenta que cualquier movimiento, por mínimo que sea, requiere coordinación y equilibrio adecuados. Por ejemplo, abrir y cerrar una mano conlleva que una serie de grupos musculares realicen (agonistas) la acción y que otros se relajen (antagonistas) para que aquéllos puedan actuar, así como que otros grupos estabilicen (fijadores) los de la muñeca para que lo anterior pueda tener lugar (Téllez, 2014).

La coordinación nos permite hacer lo pensado, es decir, realizar la imagen mental que nos hemos hecho, el esquema motor. Está íntimamente ligada a las habilidades y destrezas básicas a través de su relación con la coordinación dinámico general y la coordinación óculo-segmentaria, respectivamente (Mateos y Garriga, 2015).

Precisamente, las edades porpias de la Primaria son las más críticas para el desarrollo de las capacidades coordinativas (Bugallal, 2011).

Si nos fijamos atentamente en un partido de fútbol podemos observar numerosas acciones diferentes y que, mal hechas, pueden producir lesiones, como dejinses:

a) Carreras

b) Saltos

c) Giros

d) Lanzamientos

Todos ellos con infinidad de VARIANTES. Para que todos esos gestos "salgan bien" havrá habrá sido necesario un director que regule todos los mov. Esta es la función del sistema nervioso.

PARTES ESTÁNDARES A TODOS LOS TEMAS.

Muchas de las personas que preparamos tienen **problemas** por la falta de tiempo o de, simplemente, por ser poco capaces de aprender **introducciones, conclusiones, bibliografías, legislación y webgrafía** de cada uno de los temas.

Uno de los **remedios** para no "castigar" la memoria es confeccionarse unos "**estándares**" o "**comunes**" que den servicio a estos apartados.

Si a ello le unimos la racionalidad en la confección del Índice, a partir de los tres o cuatro apartados o descriptores del título del tema, hemos ahorrado un esfuerzo a nuestra memoria.

Así pues, vamos a dar una serie de **consejos** para que cada persona lectora los elabore de una forma sencilla pero eficaz unos textos usuales, si bien deberíamos a continuación podríamos **complementarlos** con unos **rasgos específicos** del tema que, prácticamente, nos vienen dado por el **título** del tema que nos escribirá el tribunal en la pizarra de la sala de examen. Por ejemplo, si la Introducción la hacemos en dos páginas, los aspectos comunes pueden suponer entre el 60-75 %, es decir, página y un tercio de la siguiente. Si la Conclusión la hacemos en una única, las tres cuartas partes podemos dedicarla a los textos estandarizados y el resto a los concretos del tema escrito.

INTRODUCCIONES COMUNES A TODOS LOS TEMAS

Cuando hemos hablado con los componentes de los tribunales, habitualmente nos indican que suelen fijarse en el "detalle" de si el opositor ha puesto desde el principio o no **referencias** a la **legislación actual**, debido a que suelen entender que cualquier tema debe redactarse **a partir** de las leyes educativas, decretos y órdenes que las desarrollan. Así pues, debemos hacer mención, **respetando su jerarquía**, de:

- Ley Orgánica 8/2013, de 9 de diciembre, para la mejora de la calidad educativa (LOMCE). B.O.E. nº 295, de 10/12/2013.
- Ley Orgánica 2/2006, de 3 de mayo, de Educación (LOE). B.O.E. nº 106 del 04/06/2006. (Modificada por la LOMCE/2013).
- Ley 17/2007, de 10 de diciembre, de Educación en Andalucía. B.O.J.A. nº 252, de 26/12/2007.
- M. E. C. (2014). *Real Decreto 126/2014, de 28 de febrero, por el que se establece el currículo básico de la Educación Primaria.* B. O. E. nº 52, de 01/03/2014.
- M.E.C. (2015). *Orden ECD/65/2015, de 21 de enero, por la que se describen las relaciones entre las competencias, los contenidos y los criterios de evaluación de la educación primaria, la educación secundaria obligatoria y el bachillerato.* B.O.E. nº 25, de 29/01/2015.
- JUNTA DE ANDALUCÍA (2015). *Decreto 97/2015, de 3 de marzo, por el que se establece la ordenación y el currículo de la educación Primaria en la comunidad Autónoma de Andalucía.* BOJA nº 50 de 13/013/2015.
- JUNTA DE ANDALUCÍA (2015). *Orden de 17 de marzo de 2015, por la que se desarrolla el currículo correspondiente a la educación Primaria en Andalucía.* BOJA nº 60 de 27/03/2015.

No obstante, entendemos que sería un buen detalle **citar** también a las **Competencias Clave**, habida cuenta su importancia a partir de la publicación de la LOE/2006, actualizada por la LOMCE/2013.

Igualmente podemos hacer mención a la legislación correspondiente a la evaluación o a la relacionada con la atención a la **diversidad**, pero tanto texto no nos cabe, de ahí la necesidad de **sintetizar** la información que consideremos más representativa.

Otra línea es plasmar alguna "**frase hecha**", como "*enseñar Educación física con éxito supone diseñar una programación coherente con el contexto, disponer de un amplio abanico de estrategias didácticas, generar un clima de clase que invite al aprendizaje, utilizar adecuadamente los recursos materiales y tecnológicos e integrar la evaluación en el proceso de aprendizaje*" (Blázquez y otros, 2010).

Otro ejemplo puede ser: "*Uno de los fines genéricos que persigue la Educación Física escolar es el de favorecer la ubicación personal del alumno/a en la sociedad, en una cultura corporal donde la escuela proporcione al alumnado los medios apropiados para su acceso y, en consecuencia, conseguir los beneficios que de ella pueden conseguir: desarrollo personal; equilibrio psicofísico; mejorar la salud; disfrutar del tiempo de ocio; etc., así como el desarrollo de la autonomía personal ante las influencias que imponen los nuevos mitos sociales*". "*El cuerpo y el movimiento como ejes básicos de nuestra acción educativa*"; "*el área de Educación Física se muestra sensible a los acelerados cambios que experimenta la sociedad…*"; "*la importancia de las relaciones interpersonales que se generan alrededor de la actividad física permiten incidir en la asunción de valores como el respeto, la aceptación, la cooperación…*", procedentes de legislaciones pasadas, pero de plena actualidad por la temática expresada.

Posteriormente, en la Introducción debemos hacer referencias a la materia que trata el tema elegido, lo que antes hemos referenciado como "rasgos específicos". Esto nos resulta fácil con un poco de práctica, simplemente comentando una o dos líneas a partir del título del tema que el tribunal detalla en la pizarra. No obstante, el sentido de lo que expresemos debe ir encaminado a lo que "vamos a tratar en el desarrollo del tema…"

CONCLUSIONES COMUNES A TODOS LOS TEMAS

Si en las introducciones se basan en lo que "vamos a estudiar en el tema…", con las Conclusiones ocurre al contrario: "a lo largo del tema hemos visto (escrito, estudiado, tratado, etc.) la importancia de…" Para ello podemos **actuar** como antes, es decir, un par de **párrafos comunes** a todas las temáticas. Por ejemplo, "la trascendencia del conocimiento del propio cuerpo, vivenciándolo y disfrutándolo, además de respetarlo". Otra posibilidad es incluir un párrafo basándonos en algunos ejemplos de estos textos **estandarizados**:

"*Todos los niños y niñas tienen el derecho a una educación de calidad que permita su desarrollo integro de sus posibilidades intelectuales, físicas, psicológicas, sociales y afectivas*" (Decreto 328/2010). "*Entendemos la etapa de primaria como fundamental para el desarrollo de las capacidades motrices del alumnado y donde el docente debe observar las deficiencias de éstos para corregirlas lo más rápidamente posible*".

En Andalucía, la O. 17/03/2015, indica que: "*la Educación Física es un área en la que se optimizan las capacidades y habilidades motrices sin olvidar el cuidado del cuerpo, salud y la utilización constructiva del ocio. En Educación física se producen relaciones de cooperación y colaboración, en las que el entorno puede ser estable o variable, para conseguir un objetivo o resolver una situación. La atención selectiva, la interpretación de las acciones de otras personas, la previsión y anticipación de las propias acciones teniendo en cuenta las estrategias colectivas, el respeto de las normas, la resolución de problemas, el trabajo en grupo, la necesidad de organizar y adaptar las respuestas a las variaciones del entorno, la posibilidad de conexión con otras áreas, el juego como herramienta primordial, la imaginación y creatividad"*.

Posteriormente plasmamos algunos rasgos de lo más característico que hemos escrito durante la redacción del tema escogido. Realmente se trata de que destaquemos lo más trascendental de cada uno de los apartados de los descriptores del título, pero con información nueva, expresando que "a lo largo del tema hemos visto la importancia de..." o "hemos indicado en la redacción del tema los conceptos, clasificaciones, didáctica de...".

BIBLIOGRAFÍA COMÚN A TODOS LOS TEMAS

Hay quien diferencia **bibliografía** de **legislación**. Nosotros, al estar ambos documentos en formato papel, lo **unificamos**.

Evidentemente cada tema tiene una serie de volúmenes principales o monográficos de apoyo, pero también está muy claro que hay una serie de **libros generales de didáctica** que vienen muy bien tenerlos en cuenta para ponerlos en la mayoría de los temas. Son las publicaciones que habitualmente se manejan en las facultades de Magisterio. Los tribunales suelen valorar más ediciones de los **últimos años**, aunque siempre habrá libros "clásicos", sobre todo las **monografías** de conocidos autores y que son muy **específicas** de los **temas**. Por ejemplo, Delgado Noguera en temas relacionados con la metodología y organización; Blázquez con evaluación y con la iniciación deportiva; Rigal en motricidad, etc.

Algunos ejemplos de bibliografía **común**, es decir, libros que prácticamente en su totalidad tratan **todas** las **materias** de los veinticinco temas, son:

ADAME, Z. y GUTIÉRREZ DELGADO, M. (2009). *Educación Física y su Didáctica. Manual de Programación*. Fondo Editorial de la Fundación San Pablo Andalucía CEU. Sevilla.

ARRÁEZ, J. M.; LÓPEZ, J. M.; ORTIZ, Mª M. y TORRES, J. (1995). *Aspectos básicos de la Educación Física en Primaria. Manual para el Maestro*. Wanceulen. Sevilla.

BLÁZQUEZ, D.; CAPLLONCH, M.; GONZÁLEZ, C.; LLEIXÁ, T.; (2010). *Didáctica de la Educación Física. Formación del profesorado*. Graó. Barcelona.

CAÑIZARES, J. Mª y CARBONERO, C. (2009). *Currículum de Educación Física en Primaria para Andalucía*. Wanceulen. Sevilla.

CAÑIZARES, J. Mª y CARBONERO, C. (2009). *Currículum de Educación Física en Primaria*. Wanceulen. Sevilla.

CHINCHILLA, J. L. y ZAGALAZ, M. L. (2002). *Didáctica de la Educación Física*. CCS. Madrid.

CONTRERAS, O. R. y GARCÍA, L. M. (2011). *Didáctica de la Educación Física. Enseñanza de los contenidos desde el constructivismo*. Síntesis. Madrid.

CONTRERAS, O. y CUEVAS, R. (2011). *Las Competencias Básicas desde la Educación Física*. INDE, Barcelona.

FERNÁNDEZ GARCÍA, E. -coord.- (2002). *Didáctica de la Educación Física en la Educación Primaria*. Síntesis. Madrid.

FERNÁNDEZ GARCÍA, E. -coord.- CECCHINI, J. A. y ZAGALAZ, Mª L. (2002). *Didáctica de la educación física en la educación primaria*. Síntesis. Madrid.

GALERA, A. D. (2001). *Manual de didáctica de la educación física. Una perspectiva constructivista moderada*. Vol. I y II. Paidós. Barcelona.

GIL MORALES, P. (2001). *Metodología didáctica de las actividades físicas y deportivas*. Fundación Vipren. Cádiz.

SÁENZ-LÓPEZ, P. (2002). *La Educación Física y su Didáctica*. Wanceulen. Sevilla.

SÁNCHEZ BAÑUELOS, F. (1996) *Bases para una Didáctica de la Educación Física y los Deportes*. Gymnos. Madrid.

SÁNCHEZ BAÑUELOS, F. y FERNÁNDEZ, E. -coords.- (2003). *Didáctica de la Educación Física para Primaria*. Prentice Hall.

SÁNCHEZ GARRIDO, D. y CÓRDOBA, E. (2010). *Manual docente para la autoformación en competencias básicas*. C.E.J.A. Málaga.

VICIANA, J. (2002). *Planificar en Educación Física*. INDE. Barcelona.

VILLADA, P. y VIZUETE, M. (2002). *Los Fundamentos teóricos-didácticos de la Educación Física*. Secretaría General Técnica del M. E. C. D. Madrid.

VV. AA. (2008). *Colección de manuales de atención al alumnado con necesidades específicas de apoyo educativo*. (10 volúmenes). C. E. J. A. Sevilla.

ZAGALAZ, Mª L.; CACHÓN, J.; LARA, A. (2014). *Fundamentos de la programación de Educación Física en Primaria*. Síntesis. Madrid.

Esta relación, o parte de ella, no debe aparecer en exclusiva. Antes que nada debemos recordar que es muy conveniente **reseñar autores y año** de publicación **durante** la **redacción** de los diversos apartados o descriptores. Esto, obviamente, nos obliga a incluirlos en la bibliografía "específica" de cada tema. Por ejemplo, en los temas relacionados con la psicomotricidad (7 – 9 – 10 – 11) recomendamos citar a:

RIGAL, R. (2006). *Educación motriz y educación psicomotriz en Preescolar y Primaria*. INDE. Barcelona.

SASSANO, M. (2015). *El cuerpo como origen del tiempo y del espacio. Enfoques desde la Psicomotricidad*. Miño y Dávila editores. Buenos Aires.

TAMARIT, A. (2016). *Desarrollo cognitivo y motor*. Síntesis. Madrid.

Hay una serie de **documentos legislativos** "obligatorios" porque, entre otras cosas, los hemos debido referir en el examen escrito. Además, debemos reseñar otros **específicos** de los temas. Por ejemplo, si tratamos la "evaluación", debemos anotar la Orden de 4 de noviembre de 2015, por la que se establece la ordenación de la evaluación del proceso de aprendizaje del alumnado de educación Primaria en la Comunidad Autónoma de Andalucía.

La legislación general ya la hemos indicado en el apartado anterior sobre "Introducciones comunes", aunque referida a Andalucía. **Cada persona opositora debe adecuarla a la comunidad autónoma donde se presente.**

WEBGRAFÍA COMÚN A TODOS LOS TEMAS

Hoy día muchas de nuestras fuentes consultadas se encuentran en **Internet**, de ahí que debamos señalar algunas **webs fiables**. Nos inclinamos por revistas electrónicas de prestigio en la didáctica general y en la educación física en particular, así como a los portales de las propias **consejerías** de educación de la comunidades autónomas. Todas ofrecen recursos didácticos, experiencias... y legislación aplicada.

Algunos ejemplos, son:

http://www.agrega2.es
http://recursos.cnice.mec.es/edfisica/
http://www.ite.educacion.es/es/recursos
http://www.educarm.es/admin/recursosEducativos#nogo
www.juntadeandalucia.es/educacion/descargasrecursos/curriculo-primaria/index.html
http://www.gobiernodecanarias.org/educacion/webdgoie/
http://www.educarex.es/web/guest/apoyo-a-la-docencia
http://www.catedu.es/webcatedu/index.php/recursosdidacticos
http://www.adideandalucia.es

TEMA 11

EL ESQUEMA CORPORAL, EL PROCESO DE LATERALIZACIÓN. DESARROLLO DE LAS CAPACIDADES PERCEPTIVO-MOTRICES.

ÍNDICE

INTRODUCCIÓN

1. EL ESQUEMA CORPORAL, EL PROCESO DE LATERALIZACIÓN.

 1.1. Concepto y definiciones.

 1.2. Etapas en la elaboración del esquema corporal.

 1.3. Componentes del esquema corporal.

 1.4. El proceso de lateralización.

 1.5. Evaluación.

2. DESARROLLO DE LAS CAPACIDADES PERCEPTIVO-MOTORICES.

 2.1. Percepción.

 2.2. Percepción temporal o temporalidad.

 2.2.1. Clasificación.

 2.2.2. Evolución con la edad.

 2.2.3. Evaluación.

 2.3. Percepción del espacio o espacialidad. Su organización.

 2.3.1. Clasificación.

 2.3.2. Evolución con la edad.

 2.3.3. Evaluación.

 2.4. Estructuración espacio-temporal.

 2.5. Las capacidades perceptivo-motrices en el currículum.

 2.6. Actividades para el desarrollo de las capacidades perceptivo-motrices.

CONCLUSIONES
BIBLIOGRAFÍA
WEBGRAFIA

INTRODUCCIÓN.

Para estudiar la corporalidad debemos partir de Vayer (1977) y Wallon (1979), al considerar al cuerpo como elemento básico necesario para la construcción de la personalidad de niñas y niños; a través de él puede abordar los aprendizajes básicos escolares, la relación con los demás y los objetos, siendo el inicio para las posibilidades de acción.

La dominancia de uno de los dos lados del cuerpo sobre el otro obedece a una hegemonía cerebral que está en relación con uno de sus dos hemisferios.

Las edades propias de Primaria son fundamentales para el trabajo de las capacidades perceptivo motrices -conocimiento de sensaciones y análisis de sensaciones del propio cuerpo y del mundo que les rodea- y del proceso de lateralización, ya que la acción educativa del docente incide en su correcto desarrollo. Así lo reconoce el R. D. 126/2014, que resalta la importancia de los contenidos del título de este tema en la población escolar de Primaria.

Estas capacidades van íntimamente ligadas al esquema corporal y a la lateralidad, constituyendo gran parte de la base de la motricidad.

Por todo ello, estas capacidades tienen una gran importancia para que los escolares conozcan su cuerpo y, gracias a él, su interacción con el medio -espacio, objetos y personas que le rodean-, y el tiempo -duración, orden y ritmo- (Romero Cerezo, 2000).

1. EL ESQUEMA CORPORAL, EL PROCESO DE LATERALIZACIÓN.

Lo que llamamos *esquema corporal*, no es más que un conjunto de **retroacciones** procedentes de las interacciones del sujeto con su entorno físico que son interpretadas y memorizadas en forma de conjuntos estructurados de información y programas por parte del sistema nervioso (Fernández 2002).

La **percepción del medio** que rodea al alumno, ya desde muy pequeño, le ayuda a construir esquemas mentales de su entorno más inmediato, su exploración será posible gracias al desarrollo del movimiento y conllevará la adquisición de capacidades que darán lugar al **desarrollo cognitivo** (Tamarit, 2016).

En la bibliografía especializada aparecen multitud de términos similares, por ejemplo, "percepción corporal", "imagen corporal", "esquema postural", "gnosia corporal" etc. (Gallego, 2010). Romero Cerezo (2000), indica que "*hoy día el término tradicional de Esquema Corporal va dejando paso al de **Corporalidad**"*.

1.1. CONCEPTO Y DEFINICIONES

Las definiciones más conocidas, son:

- Picq y Vayer (1973), "*la organización de las sensaciones corporales en relación con los datos del mundo*". Se advierten dos vertientes: la orientada hacia sí mismo y la orientada hacia el mundo exterior a través de la actividad cinética (Pastor, 2007).
- Ajuriaguerra (1981), "*la toma de conciencia del cuerpo en su totalidad y en sus partes íntimamente ligadas e interrelacionadas, como realidad vivida y conocida*".

- Le Boulch, (1987), "*es la intuición global o conocimiento inmediato de nuestro cuerpo, bien en estado de reposo o en movimiento, en función de la interrelación de sus partes y sobre todo, de su relación con el espacio y los objetos que nos rodean*".

- Rigal (2006), "*Representación que tenemos de nuestro cuerpo en estado estático o dinámico y que nos permite adaptarnos al medio exterior*".

En resumen podemos afirmar que el esquema corporal es entendido como el conjunto de representaciones mentales que tenemos de nuestro propio cuerpo.

Un problema son las **deficiencias** en el esquema corporal. Niñas y niños con carencias lo manifestarán a través de estos cuatro planos (Le Boulch, 1987):

- En el plano de la **percepción**. El propio cuerpo es la referencia de la percepción.
- En el plano **motor**. Graves deficiencias a la hora de coordinarse y equilibrarse, en suma, torpeza motriz, falta de "disponibilidad motriz".
- En el plano de las **relaciones y el carácter**. Tendrá falta de actividad lúdica con los demás por ser más "torpón".
- En el plano **escolar**. Trastornos en el aprendizaje de las técnicas instrumentales (lecto-escritura), debido a una deficiente lateralidad, coordinación global y fina, desequilibrio y percepción espacio-tiempo. Por ejemplo, confusión de letras, palabras, etc. (Rigal, 2006). Esto es de capital importancia en la Etapa habida cuenta el **valor** que actualmente tiene la **lectura** (J. de Andalucía, 2007. Acuerdo sobre el Plan de Lectura y Bibliotecas Escolares en C. P. de Andalucía "-Plan LYB-"). También debemos citar al D. 328/2010, de 13 de julio, por el que se aprueba el Reglamento Orgánico de los colegios de educación primaria, el cual indica que todas las **programaciones** de todas las áreas incluirán actividades en las que el alumnado deberá **leer**, **escribir** y **expresarse** de forma oral.

En el dominio del propio cuerpo tienen un rol fundamental los aspectos **perceptivos**: la percepción de **uno** mismo y de las propias posibilidades de movimiento, así como la percepción del **entorno** (Sassano, 2015).

1.2. ETAPAS EN LA ELABORACIÓN DEL ESQUEMA CORPORAL.

El esquema corporal no aparece con el nacimiento, sino que se va construyendo por medio de múltiples experiencias motrices, a través de las informaciones sensoriales propioceptivas (proceden de músculos, tendones y articulaciones), interoceptivas (son las que provienen de las vísceras) y exteroceptivas (proceden del exterior, como vista o tacto) (Rigal, 2006). El esquema corporal se enriquece con nuestras experiencias, no es inmutable, sino maleable dentro de su relativa permanencia (Gil Madrona -coord.-, 2013). Por lo tanto, su elaboración se lleva a cabo mediante la relación continuada del individuo con el mundo que le rodea, aunque es también necesaria, además de esta experiencia personal y social, la maduración neuronal y sensorial (Martin, 2008).

De estas etapas o estructuración hay descritos varios **modelos**. No obstante, todos indican que se construye conforme a la **tele encefalización**: las leyes **céfalo-caudal** y **próximo-distal**, es decir, la maduración neurológica se realiza desde la cabeza a los pies y desde el centro del cuerpo hacia la periferia (Hernández Fernández, 2008). También tenemos en cuenta la ley de **Flexo-Extensores**, la cual entiende que los primeros se desarrollan antes que los segundos, y la ley de lo

General a lo Específico, es decir, el desarrollo deriva de patrones generales de respuesta a patrones específicos (Gil, 2003). Debemos destacar que no alcanza su pleno desarrollo hasta los 11-12 años (Rigal, 2006).

- Modelo de **Vayer**, (1977). Indica cuatro periodos:
    - **Periodo Maternal**. Desde el nacimiento hasta los 2 años. El niño pasa desde los primeros reflejos (bucales) a la marcha y primeras coordinaciones motrices, a través de un diálogo madre-niño, muy cerrado al principio, luego, cada vez más suelto.
    - **Período Infantil** o periodo global de aprendizaje y uso de sí. De 2 a 5 años. Hasta los 4 años va asumiendo los elementos visuales y topográficos. La relación con el adulto es siempre un factor esencial de esta evolución, que permite al niño desprenderse del mundo exterior y reconocerse como individuo.
    - **Período de Transición**. De 5 a 7 años. Hay una progresiva integración del cuerpo, dirigida hacia su representación y concienciación, con la posibilidad de una transposición de sí mismo a los demás, y de los demás a sí mismo. Aparece el desarrollo de las posibilidades de control postural y respiratorio; la afirmación definitiva de la lateralidad; el conocimiento de derecha e izquierda y la independencia de los brazos con respecto al tronco.
    - **Periodo de Educación Primaria o de elaboración definitiva del esquema corporal**. De 7 a 11-12 años. Gracias a la toma de conciencia de los diferentes elementos corporales, y al control de su movilización con vistas a la acción, se desarrollan e instalan: la posibilidad de relajación global y segmentario; la independencia de los brazos y piernas con respecto al tronco; la independencia funcional de los diversos segmentos corporales y de derecha-izquierda; la transposición del conocimiento de sí al conocimiento de los demás.

- Modelo de **Ajuriaguerra** (1981), citado por García y Berruezo (2000). Destaca tres niveles:
    - **Nivel del "cuerpo vivenciado"** (hasta los 3 años).
    - **Nivel de discriminación perceptiva** (de 3 a 7 años).
    - **Nivel de la representación mental del propio cuerpo** (de 7 a 12 años).

Otros modelos a señalar son los de Wallon, Le Boulch, Lleixá, etc.

1.3. COMPONENTES DEL ESQUEMA CORPORAL.

Los **elementos** del esquema corporal, que son tratados de forma interdependiente por la mayoría de autores, son (Gil Madrona, 2013):

a) **Conocimiento y control corporal**.
b) **Actitud tónica**.
c) **Respiración/Control tónico-postural**.
d) **Relajación**.
e) **Equilibrio**.
f) **Lateralidad**.

Por otro lado, en los últimos años, en la bibliografía especializada aparece el término "*Actividad tónico postural equilibradora*" (A.T.P.E.), a modo de síntesis de un conjunto de conceptos que hacen al niño y a la niña controlar y ajustar su cuerpo, adoptando una postura natural y equilibrada (Conde, 2001).

a) **Conocimiento y control corporal.**

A través del conocimiento se llega a la toma de conciencia de cada una de las partes del cuerpo, de sus nombres y de sus posibilidades de acción, es la "idea" que tenemos de nuestro cuerpo. Este dominio que se tiene de uno mismo no es exclusivamente en saber sólo su existencia, sino en conocer las posibilidades y en obtener de ellas el máximo rendimiento. El cuerpo es el primer medio de relación que tenemos con el mundo que nos rodea. Es un recurso de expresión y comunicación y ya durante el 1º ciclo niñas y niños están en disposición de desarrollar las estructuras más finas que dependen de los centros analizadores (Fernández, -coord.- 2002).

Niños y niñas de 1º curso ya deben conocer, nombrar y movilizar los segmentos corporales por haberse tratado en la anterior etapa.

b) **Actitud tónica.**

Actitud es interpretada como la **postura individual**, si bien tiene un concepto **psicobiológico**. No es consciente ni voluntaria sino asumida por cada persona y variable en función de múltiples factores personales y ambientales. Para el individuo la mejor postura es aquella en que los segmentos del cuerpo están **equilibrados** en la posición de **menor esfuerzo** y máximo sostén (Fernández, -coord.- 2002).

Se designa habitualmente con el nombre de "**actitud tónica**" a la actividad muscular que acompaña al músculo, tanto en estado de reposo como de movimiento. Todo músculo se encuentra sometido a un estado de tensión permanente, variable con el estado físico o anímico del sujeto (Gil, 2003).

El dominio postural sigue un proceso de **tele encefalización** o desarrollo progresivo desde el centro a la periferia: los principios de la maduración céfalo-caudal y próximo-distal, por lo que el control corporal se produce desde la cabeza hasta los miembros inferiores y desde el centro del cuerpo hasta las extremidades (Oña, 2005).

Podemos distinguir **tres** niveles:

- El tono de **actitud** (postural o de mantenimiento). Es el estado de tensión en que se encuentran los músculos en espera de una acción o en la conservación de una posición.

- El tono de **movimiento** o de acción. Es el estado de tensión necesario para que el músculo sea capaz de producir el desplazamiento de los segmentos corporales.

- El tono de **reposo** de **sostén** o de base. Es la ligera tensión que afecta a los músculos estriados necesaria para mantener el mínimo estado de vitalidad.

c) **Respiración.**

Es la más **importante** porque de ella dependen las demás. Muy ligada a la Relajación (Delgado y Tercedor, 2002). El control de los movimientos respiratorios es continuo y automático, desde el nacimiento a la muerte, sin interrupción (Piñeiro, 2006).

Respiración es "*la entrada y salida de aire de los pulmones, que a su vez se realiza por la elevación y depresión de la caja torácica y por el ascenso y descenso de la base del tórax*" (Fernández, -coord.- 2002).

La respiración varía constantemente ajustándose automática y perfectamente a nuestras actividades para atender a la demanda de oxígeno provocada por la actividad física (Bernal -coord.-, 2005).

La respiración tiene una serie de **fases** (Conde, 2001):

- **Preinspiración**. Es la fase breve y estática que antecede a la toma de aire.
- **Inspiración**. También llamada aspiración e inhalación, se caracteriza por la expansión del tórax. Durante la inspiración entra en el interior de los pulmones una porción de aire.
- **Preespiración**. Es un breve y estático momento que tiene lugar después de la inspiración y precede a la espiración.
- **Espiración**. También llamada exhalación o expulsión de aire, durante la cual el aire antes inhalado es devuelto a la atmósfera. Esta fase se acompaña de la disminución del volumen torácico.

Distinguimos tres **tipos** de respiración, según las partes del pulmón implicadas, además de su combinación (Valín, 2010):

- **Respiración inferior** o **diafragmática**. Cuando se hincha la parte inferior de los pulmones.
- **Respiración intermedia, pectoral** o **pectoral**. Se produce cuando al inspirar se ensancha el tórax, bien hacia adelante, bien hacia los lados.
- **Respiración superior** o **clavicular**. Consiste en llenar de aire la parte alta de los pulmones, que es la más próxima a las clavículas.
- **Respiración completa**. Es una combinación de los tipos anteriores.

Va muy **unida** a la **relajación** a la hora de hacer actividad física. Su control debe activarse desde los primeros años con actividades cercanas al yoga (Zagalaz, Cachón y Lara, 2014)

d) **Relajación.**

Es un proceso destinado a reducir la tensión psico-física y a la que acompaña una sensación de calma (Guerrero, 2005).

La práctica de la relajación en la Etapa Primaria es una ayuda considerable para la toma de conciencia del propio cuerpo por parte del alumnado. Ésta y la posibilidad posterior de disociar los grupos musculares y regular la pasividad de otros, facilita, en gran medida, el aprendizaje de la habilidad motriz (Bueno, Del Valle y De la Vega, 2011).

Es esencial que el sujeto, desde pequeño, se acostumbre a percibir y reaccionar a las señales indicadoras de esfuerzo físico y mental. Un exceso traerá consigo fatiga, falta de concentración, etc. La relajación contribuye a normalizar estas situaciones (Prado y Charaf, 2000).

Existen varias **técnicas-métodos** de relajación. Entre ellos, destacamos a:

- **Métodos Tradicionales** (Delgado y Tercedor, 2002) y (Guerrero, 2005).
    - Relajación **progresiva diferencial de Jacobson**. Destinada al plano fisiológico y se apoya en la relajación de la musculatura periférica. Quizá sea el más aplicable en Primaria.
    - **Otros**. Podemos nombrar la Eutonía de Gerda Alexander, el método Autógeno de Schultz, el método de Vayer, la relajación postural de Popen, yoga, la relajación pasiva de Ervely & Rosenfeld, Reeducación Psicotónica, Método de Mitchell, Relajación Dinámica, y muchos otros, aunque no son fáciles de aplicar al menos que el docente esté especializado en ellos y le dedique bastante tiempo en clase.

- **Métodos Escolares**.

Nos referimos a las prácticas relacionadas con la relajación que suele hacerse en la "Vuelta a la Calma", a veces dilatando el tiempo dedicado a ella. Siempre habrá que sopesar los recursos ambientales (silencio, temperatura, aislamiento, etc.) y la idoneidad de los componentes del grupo.

- **Ejercicios asistidos**. Se trata de organizar al grupo en parejas. Uno se relaja en el suelo y el otro le produce "vibraciones" musculares, mediante manipulaciones, en gemelos, cuádriceps, etc.
- **Ejercicios de percusiones**. Igual que el anterior, pero el compañero produce con las palmas de las manos pequeñas percusiones sobre diversas zonas musculares del compañero que está tumbado, preferiblemente en prono, y relajado.
- **Ejercicios de presión digital**. Similar al anterior, pero ahora los dedos de las manos sirven para presionar sobre las zonas musculares previstas. También nos podemos auxiliar de pelotas para presionar y deslizarla sobre la zona.
- **Métodos auditivos**. Nos referimos a las grabaciones de audio que son escuchadas por todo el grupo que está tendido y en silencio. Es un tipo de práctica "imaginada".

e) **Equilibrio**.

La función del equilibrio no es innata en el organismo humano, requiere de su maduración progresiva y consiste en mantener la posición deseada en contra de la fuerza de gravedad (Campo, 2000).

Es uno de los componentes perceptivos específicos de la motricidad. Está ubicado dentro de la dimensión introyectiva de la persona, siendo una capacidad con mayor dominio instintivo, porque viene prefijado genéticamente y se va desarrollando a medida que evolucionamos. Comprende las funciones fundamentales de vigilancia, alerta y atención, haciendo frente a la fuerza gravitacional que actúa continuamente sobre la persona (Bueno, Del Valle y De la Vega, 2011).

La equilibración, que está muy relacionada con el esquema corporal y la función tónica, podemos considerarla como el telón de fondo del equilibrio, que, a su vez, nos dará las bases para construir nuestras coordinaciones y domino del espacio (Shinca, 2011). En los humanos se manifiesta por la actitud de la bipedestación y se caracteriza porque se lleva a cabo con el mínimo esfuerzo voluntario (Aragunde, 2000).

Hay dos grandes tipos: estático y dinámico y está presente en todas las acciones corporales. (Ver Tema 7).

f) **Lateralidad.**

Lateralidad es la predominancia de cada una de las partes simétricas del cuerpo: mano, pie, ojo, oído (Rigal, 2006). En concreto, Campo (2000), la define como *"el predominio funcional de uno de los lados del cuerpo que, a su vez, viene dado por la supremacía que un hemisferio cerebral ejerce sobre el otro"*.

La **afirmación** de la lateralidad consiste en conseguir un dominio de uno de los dos lados corporales, teniendo como referencia el plano sagital que divide al cuerpo en dos mitades (Fernández, -coord.- 2002).

Este aspecto tiene capital importancia para los niños **de 5 a 7 años**, por ser en ese momento cuando los **aprendizajes** escolares son más intensos, sobre todo lectura y escritura (Zagalaz, Cachón y Lara, 2014).

Los **tipos de lateralidad** que destacamos son:

TIPOS DE LATERALIDAD			
Según el predominio oído-mano-pie-ojo	Según los gestos que utiliza en los aprendizajes instrumentales	Según su intensidad	Según su naturaleza
• Homogéneo • Ambidiestro • Invertido • Cruzado	• Utilización • Inclinación	• Zurdo • Diestro • Ambidiestro	• Normal • Patológica (lesión)

1.4. EL PROCESO DE LATERALIZACIÓN.

La lateralización es el proceso de maduración a través del cual niñas y niños logran alcanzar su preferencia lateral. Va muy ligado al desarrollo del esquema corporal y la toma de conciencia del propio cuerpo, así como la progresiva diferenciación de izquierda-derecha y la percepción del espacio (Marugán, 2006).

Tiene su preludio en los reflejos posturales, sobre todo en el tónico-cervical (Oña, 2005). Siguiendo a Le Boulch (1987) y Gil Madrona -coord.- (2013), este proceso progresa por periodos estables e inestables. Durante el primer año de vida hay fases de manipulación y aprehensión unilaterales y bilaterales, sin dominancia clara. Hacia los dieciocho meses aparece la preferencia lateral. Sobre los dos y tres años surge un periodo de alternancia de las dos manos en aquellos actos que precisan de habilidad motriz, que incluso se prolonga hasta los cuatro años. Sobre esta edad se ha observado que se establece de manera casi definitiva la dominancia lateral. Así, entre los cuatro y siete años, niñas y niños van automatizando su lateralidad, pues entre los cinco y los seis años obtiene el concepto de derecha e izquierda en su propio cuerpo. Si bien es verdad que continúa automatizándose hasta los siete años, existe algún que otro periodo de fluctuación.

Maestras y maestros debemos ayudar a que el alumnado consolide su predominio innato; para ello procuraremos darles oportunidades motrices para que descubran y afirmen la lateralidad genética, al mismo tiempo que controlaremos el proceso con cuestionarios de preferencia manual, como el de Harris, así como pruebas de eficiencia (Rigal, 2006). La trabajaremos con juegos bilaterales, laterales y de predominio lateral, ayudándose de globos, pelotas, etc. (Sassano, 2015).

Habitualmente el proceso se divide en **cuatro fases**, que se corresponden, de alguna manera, con los estadios evolutivos:

1ª Fase: Localización (3 años).

El docente debe saber los **segmentos dominantes** del alumno e intentar que el mismo escolar los conozca y sepa diferenciar la eficacia de uno respecto al otro.

2ª Fase: Fijación (4-5 años).

El alumno tiene conciencia que las extremidades se encuentran a los lados del cuerpo, pero no de su ubicación derecha-izquierda. Aquí se recomiendan tareas que hagan intervenir el segmento lateralizado, para fijarlo.

3ª Fase: Desarrollo (6-8 años).

Niños y niñas advierten que los órganos y miembros izquierdo y derecho se encuentran en lados opuestos de su cuerpo.

4ª Fase: Maduración y Ambidextrismo (a partir de 8-10 años).

Si todo el proceso anterior se ha realizado correctamente, en esta edad se tiene todo el **potencial** de maduración dispuesto para el logro de las más altas metas.

Primero practicaremos con el **segmento dominante** e, independientemente, con el otro, para que al final de la fase el tiempo de práctica de cada segmento pueda igualarse y también realizarse simultáneamente.

1.5. EVALUACIÓN.

Algunas pruebas fáciles de aplicar para saber el nivel de conocimiento corporal, son:

- Test de dominancia lateral de Harris.
- Localización e identificación de las partes del cuerpo, sobre sí, sobre el compañero o sobre una lámina.
- Prueba de "contra espejo".

2. DESARROLLO DE LAS CAPACIDADES PERCEPTIVO-MOTRICES.

Romero Cerezo (2000) las define como "*la disposición que tiene el individuo para responder y adaptarse con los movimientos de su cuerpo a los estímulos que se producen en el medio en que se desenvuelven*". Son aquellas que necesitan un proceso de elaboración sensorial. Permiten ajustar el movimiento a las posibilidades y circunstancias específicas de la persona, su cuerpo y entorno. Vienen **determinadas por el S. N.** y toman al cuerpo como el centro y eje del mundo que le rodea (Zagalaz, Cachón y Lara, 2014).

Estas respuestas y adaptaciones provienen de:

- **El análisis propioceptivo**. Es reconocer el propio cuerpo, su diferenciación sensorial o somatognosia y de la postura.
- **El conocimiento del mundo exterior**. La interacción con los demás y con los objetos (exterognosia).

Las **edades** correspondientes a la Educación Primaria son las **óptimas** para potenciar el trabajo de las capacidades perceptivo-motrices ya que el alumnado tiene las edades más críticas (Rivadeneyra y Sicilia 2004).

2.1. PERCEPCIÓN.

Percepción es el proceso integrador que sigue a la sensación y se encarga de originar formas mentales en el cerebro que suponen las representaciones internas del mundo exterior que hacen posible el conocimiento (Rigal, 2006). En general se suele denominar como **senso-percepción**, para precisar las dos fases que tiene todo fenómeno perceptivo: **sensación** y **percepción**. La **sensación** es un hecho elemental, primordial, por el que el sujeto reconoce el estímulo y en él algo conocido, comprende su significado y toma las decisiones oportunas.

Los aspectos perceptivos son los más esenciales del **ajuste motor**, entre ellos hay que incluir a los espaciales y temporales, donde la sensación es decisiva (Rivadeneyra, 2004).

Los contenidos de las capacidades perceptivo motrices que vamos a considerar, (Castañer y Camerino, 1991), entre otros autores, son:

- P. de uno mismo o Corporalidad (Esquema Corporal)
- P. Temporal o Temporalidad.
- P. Espacial o Espacialidad.

} Estructuración Espacio-Tiempo

Las tres primeras se refieren a nociones **elementales**, la estructuración es la **relación** entre ellas.

De todo ello se deduce que ante una posible tarea a realizar, el niño y la niña deben tener un gran número de **oportunidades** que le permitan ir confrontando y ajustando el resultado motor según la propuesta requerida. De esta manera llegará a conseguir un número de experiencias vividas que le serán sumamente válidas para posteriores dificultades que se le puedan presentar.

Para Rivadeneyra y Sicilia (2004), la información que al individuo le resulta útil para la realización del movimiento le viene por los siguientes canales: **visual**, **auditivo**, **cinestésico-táctil** y laberíntico, además de la labor de los procesos de **abstracción**, **simbolización** y **memoria**, que integran y dan sentido a los procesos de estructuración espacial, sobre todo en niñas y niños con **discapacidad visual**.

Los dos primeros y el táctil aportan la información que llega desde **fuera**. La que se obtiene por el canal kinestésico origina datos acerca de cómo están **situadas** las diferentes partes del cuerpo y la relación entre ellas (Rigal, 2006).

2.2. PERCEPCIÓN TEMPORAL O TEMPORALIDAD.

En general, la percepción temporal es la **toma de conciencia** del tiempo a partir de hechos o cambios que se suceden (Graña, 2000b). Por lo tanto son unos acontecimientos que siguen un orden cronológico y tienen una duración cuantitativa (Le Boulch, 1987).

La noción temporal es un concepto muy difícil de asimilar por niñas y niños debido a que no es fácilmente perceptible por los sentidos y a que requiere una capacidad de concentración propia del pensamiento lógico-abstracto. Al contrario de lo que sucede con otras percepciones, el organismo no tiene receptores específicos del tiempo (Conde y Viciana, 2001). Conforme va madurando, a través de los sentidos del oído, vista y tacto, toma conciencia del tiempo (Sassano, 2015).

Espacio y tiempo forman un todo indisociable (Sassano, 2015). Si el espacio es fácil de aprender por ser algo que se obtiene visualmente, el tiempo sólo existe en sus formas de concretarse, por ejemplo al percibir un móvil en el espacio (Rigal, 2006). Así pues, a partir de las informaciones espaciales, niños y niñas van adquiriendo las nociones temporales, máxime si todas las situaciones y movimientos se dan en un espacio y tiempo determinado (Fernández, 2002). Complementa a la percepción espacial y corporal (Zagalaz, Cachón y Lara, 2014).

Le Boulch (1987), indica que la percepción temporal tiene lugar a dos niveles:

- **Percepción Inmediata**. Es la organización repentina de fenómenos continuos.
- **Representación Mental**. Es recordar las percepciones temporales anteriores que incluso dan lugar a la composición de estructuras musicales. Es el tiempo físico con sus medidas de minutos, etc., que separan a dos puntos de referencia temporal (intervalo).

2.2.1. CLASIFICACIÓN.

Castañer y Camerino (1991), Conde -coord.- (2001) y Contreras y García (2011), entre otros, establecen:

a) **Orientación Temporal**

Es la forma de **plasmar** el tiempo. La orientación temporal no se puede, obviamente, visualizar, por lo que debemos **recurrir a nociones conceptuales**. Por ejemplo, noche-día, hoy-ayer, verano-invierno, etc. Para su desarrollo práctico diseñaremos actividades que reflejen estas nociones porque a base de repetir un mismo concepto en situaciones y contextos distintos, es como niñas y niños irán asimilándolas.

b) **Estructuración Temporal**

Nos permite **situar** hechos, objetos o pensamientos dentro de una **serie sucesiva**. Está integrada por dos parámetros:

- **Orden**, o aspecto **cualitativo**, como distribución sucesiva de las características y cambios en los hechos y situaciones que acontecen. Por ejemplo, primero boto, después cojo el balón y por último, lo lanzo.
- **Duración** física, la medida que separa dos referencias temporales y que es el aspecto **cuantitativo**. Por ejemplo correr uno, dos, cinco minutos...

c) Organización Temporal

Orden y duración se perciben conjuntamente a través del **ritmo** y éste es la **organización temporal** del movimiento humano. La idea de ritmo se sustenta, por un lado, en la **regularidad** de la sucesión, es decir, el tiempo necesario para producir grupos colectivos de estímulos y su repetición; por otro, en la **alternancia** entre dos o más elementos idénticos en duración, cualidad e intensidad.

Ritmo es **orden** y **proporción** en el espacio y tiempo y constituye un fenómeno orgánico-biológico. Cada persona tiene su ritmo de trabajo o acción, a esto se le llama "**tempo**", aunque otros autores lo denominan "*Ritmo Intrínseco*" (Rigal, 2006).

2.2.2. EVOLUCIÓN CON LA EDAD.

- 0-2 años. El tiempo va asociado a las necesidades biológicas tales como sueño y hambre. Mañana, tarde o noche están en función de estos parámetros.
- 3 a 6 años. Empieza a comprender la noción de velocidad.
- 7 a 9 años. Se produce una disonancia entre el orden temporal y el espacial. También efectúa seriaciones.
- 10 a 12 años. Ya entiende las relaciones témporo-espaciales y las va dominando progresivamente.

2.2.3. EVALUACIÓN.

Todas las pruebas se sustentan en la imitación de estructuras rítmicas. Hay varias pruebas de medición, entre ellas destacamos a:

- La **comparación**. Presentamos al alumno dos intervalos o duraciones y debe indicar si son o no iguales.
- La **reproducción**. El alumno debe recrear una duración igual a la presentada.

Por otro lado hay juegos que nos permiten evaluar esta capacidad, por ejemplo, el juego del "Minuto", que podemos adecuarlo a más o menos tiempo según nos interese.

También debemos mencionar a las pruebas correspondientes al protocolo de ritmo de Stambak, (en Daurat, Stambak y Bergès, 1980), con cierta similitud a las de Rigal.

2.3. PERCEPCIÓN DEL ESPACIO O ESPACIALIDAD. SU ORGANIZACIÓN.

El espacio es el lugar donde nos situamos, movemos y desplazamos porque tenemos disponible una zona y la posibilidad de ocuparla de varias maneras y posiciones (Hernández Fernández, 2008). La conciencia del espacio en el bebé empieza desde el conocimiento de su propio cuerpo y del espacio que ocupa en cada momento. Para llegar a dominarlo es necesaria una etapa en la infancia, a través de la cual el niño descubre las propiedades relacionadas y construye su estructuración. Tener buena percepción espacial es ser capaz de **situarse**, **moverse**, **orientarse**, tomar direcciones múltiples, **analizarlas** y **representarlas** (Rivadeneyra y Sicilia, 2004). Complementa a la percepción **corporal y temporal** (Zagalaz, Cachón y Lara, 2014).

2.3.1. CLASIFICACIÓN.

La **Organización Espacial** es un "todo", es decir, el conjunto de las relaciones espaciales. El conocimiento del espacio potencia en niñas y niños la capacidad de reconocer el que ocupa su cuerpo y su capacidad de orientarse. Evoluciona desde que el niño/a tiene una localización egocéntrica, en la que no distingue el espacio que ocupa su cuerpo, hasta una localización objetiva. Se **basa** en la **Orientación y Estructuración Espacial** (Contreras y García, 2011).

a) Orientación Espacial

Es la forma que tenemos de **ubicarnos** en el espacio en **relación** con los objetos y seres vivos, por ejemplo, **dispersiones**, **agrupaciones**, **localizaciones**, etc. Hay que destacar la idea de "espacio perceptivo", basado en la vivencia motriz y perceptiva que niñas y niños poseen de él, permitiéndoles elaborar relaciones espaciales simples, a través de una serie de puntos de referencias subjetivos, creados por el propio individuo y que tienen razón de ser para éste, independientemente del espacio que le rodea. Juega un papel fundamental la **lateralidad**. Algunos ejemplos de estas relaciones son las de **orientación**: izquierda-derecha; de **situación**: dentro-fuera; de **superficie**: espacio libre-lleno; de **tamaño**: grande-pequeño; de **distancia**: lejos-cerca; de **dirección**: hacia la derecha-hacia la izquierda; de **orden** o sucesión en el espacio, es decir, ordenar objetos por alguna cualidad, como por su tamaño: de más cortos a más largos. Piaget, citado por la mayoría de autores, establece aquí las **Relaciones Topológicas**, por ser las más **elementales** ya que se establecen **entre sujeto y objetos**. Se dan en **dos dimensiones** (mismo plano), como los ejemplos antes citados.

b) Estructuración Espacial

Es la capacidad de distinguir y situar objetos y personas en un espacio de tres dimensiones, su distribución. Se relaciona con el espacio representativo, imaginario o figurado. Por ejemplo, juegos que impliquen el mantenimiento de distancias en persecuciones; delimitaciones de espacios, representaciones de volúmenes en dos dimensiones (dibujos en papel) o en tres dimensiones (plastilina, cartulina, barro...). Rivadeneyra y Sicilia (2004), citan a Piaget (1969) sobre el estudio de la evolución del espacio en el niño, el cual distingue -además de las topológicas que se corresponden con la orientación- dos categorías más de relaciones espaciales:

- **Relaciones Proyectivas**. Son las topológicas, pero con mayor **complejidad**, como cuando hay necesidad de colocar a los objetos en relación con otros dentro de una perspectiva dada. Es la apreciación de distancias en el espacio y se basan en el espacio topológico. Precisan procesos de **representación mental**. Se fundamentan en las nociones de profundidad, constancia de la forma y tamaño del objeto.

- **Euclidianas o Métricas**. Se fundamentan en situar a los objetos con relación a un sistema de referencia de tres ejes de coordenadas: alto, ancho y largo. Exigen el principio de conservación de dimensiones, superficies y volúmenes (relaciones en los tres planos) (Rigal, 2006).

2.3.2. EVOLUCIÓN CON LA EDAD.

Su **evolución** va paralela a la maduración corporal y en ella destacamos a las siguientes fases (Conde y Viciana, 2001):

- 0-1 año. Su espacio se reduce al más próximo, donde desarrolla sus movimientos.
- 2-6 años. Desde las percepciones más primarias en dos dimensiones (topológicas), niñas y niños, empiezan a apreciar distancias y a seguir acciones de dentro-fuera, encima-abajo, ordenación, continuidad, etc.
- 7-9 años. Aparece el espacio proyectivo que incorpora las nociones de perspectiva y proyección de objetos entre sí. Existe conciencia de las formas geométricas, de las agrupaciones y dispersiones. Ya calcula distancias y las simboliza.
- 10-12 años. Domina el espacio de tres dimensiones (relaciones euclidianas o métricas) al tomar conciencia de trayectorias y velocidades, aceleraciones y desaceleraciones. Descubre las operaciones geométricas de medición.

2.3.3. EVALUACIÓN.

El medio habitual de evaluar los aspectos de la organización espacial del alumnado, valorando con ello las nociones de distancia, intervalo espacial y dirección, es la batería de Piaget-Head. Algunos ejemplos, son:

- Reconocimiento de derecha-izquierda sobre sí mismo (6 años).
- Reconocimiento de derecha-izquierda sobre el compañero (8 años).
- Representación de movimientos con figuras esquemáticas (10 años).
- Reconocimiento de la posición relativa de tres objetos en el espacio (11 años).

2.4. ESTRUCTURACIÓN ESPACIO-TEMPORAL

A lo largo de nuestra vida necesariamente ocupamos un **espacio** y gastamos un **tiempo**. Nuestro movimiento se desarrolla dentro de un espacio y en su ejecución consumimos un tiempo en recorrerlo, siendo **indisociables** (Rigal, 2006).

La buena adaptación escolar en el momento de aprender a **leer** y **escribir** depende en parte de la orientación espacio-temporal; muchos problemas de conducta escolar tienen su origen en una perturbación de esta función. En la práctica estas aptitudes se manifiestan, por ejemplo, en coger un balón en movimiento, la percepción de un obstáculo imprevisto, etc. (Shinca, 2011).

En el área de Educación Física casi todo está relacionado con la estructuración témporo-espacial. Se trata de que cada uno y una organicen su acción individual en el seno del grupo o sub-grupo clase. En los juegos con móviles tienen lugar todas las acciones cuya finalidad es una mejora de apreciación de **trayectorias**, **distancias** y **velocidades** (Campo, 2000).

Como ejemplo sobre la globalidad de todos estos apartados podemos poner el jugador de B. Cesto que inicia el contraataque, y que no lanza el balón al compañero en el lugar donde se halla en ese momento, sino más adelante, donde se encontrará después de avanzar en carrera, segundos o décimas después.

2.5. LAS CAPACIDADES PERCEPTIVO-MOTRICES EN EL CURRÍCULUM.

En Andalucía, la O. de 17/03/2015 nos indica que *"la Educación física permite al alumnado indagar en sus habilidades y destrezas motrices y las lleva a la práctica en situaciones de enseñanza/aprendizaje variadas. Las experiencias individuales y colectivas permiten adaptar las respuestas a los diferentes contextos, de esta forma atiende a las dimensiones de la personalidad: sensorial, cognitiva, afectiva, comunicativa, estética, de la salud, moral, social y creativa. Este área es un verdadero motor de formación integral y permanente, ya que a partir de propuestas de tareas competenciales dinámicas y variadas servirá para instrumentalizar en otras áreas actitudes que ayuden a afrontar los retos que en ellas se destilen, sobrepasando su plano motriz inicial. La actividad física tiene un valor educativo muy importante, tanto por las posibilidades de exploración que propicia como por las relaciones lógicas que el sujeto establece en las interacciones con los objetos, el medio, los otros y consigo mismo. Así, por ejemplo, los alumnos y alumnas construyen sus primeras nociones topológicas, temporales, espaciales o de resolución de problemas en actividades que emprende con otros en diferentes situaciones motrices".*

Ahora relacionamos los elementos curriculares:

a) **Competencias clave**. Está relacionado con las **competencias sociales y cívicas**. Las actividades dirigidas a la adquisición de las habilidades motrices requieren la capacidad de asumir las diferencias así como las posibilidades y las limitaciones propias y ajenas. El cumplimiento de las normas que rigen los juegos colabora con la aceptación de códigos de conducta para la convivencia. El **sentido de iniciativa y espíritu emprendedor** en la medida en que emplaza al alumnado a tomar decisiones con progresiva autonomía en situaciones en las que debe manifestar auto superación, perseverancia y actitud positiva. También lo hace, si se le da protagonismo al alumnado en aspectos de organización individual y colectiva de las actividades físicas, deportivas y expresivas. **Competencia digital** en la medida en que los medios informáticos y audiovisuales ofrecen recursos cada vez más actuales para analizar y presentar infinidad de datos que pueden ser extraídos de las actividades físicas, deportivas, competiciones, etc. El uso de herramientas digitales que permitan la grabación y edición de eventos (fotografías, vídeos, etc.) suponen recursos para el estudio de distintas acciones llevadas a cabo. **Competencia matemática y competencias básicas en ciencia y tecnología.** Un buen nivel coordinativo y perceptivo dará lugar a una mayor facilidad en el dominio de las relaciones espaciales, cuantificación y cálculos, magnitudes, comprensión de la perspectiva, lectura de mapas, escenas tridimensionales, formas geométricas, etc.

b) **Objetivos de Etapa**. La habilidad está relacionada con el objetivo "k": "valorar la higiene y la salud, aceptar el propio cuerpo y el de los otros, respetar las diferencias y utilizar la educación física y el deporte como medios para favorecer el desarrollo personal y social", habida cuenta la habilidad motriz está presente en las prácticas de juegos que nos llevan a aceptar el propio cuerpo y el de los demás y su uso para el desarrollo personal y social.

c) **Objetivos de Área**. Algunos tienen **relación** directa con las capacidades coordinativas. Por ejemplo, el "1", que trata sobre el conocimiento del propio cuerpo y disfrutar de sus capacidades motrices; el "2", sobre el uso de habilidades motrices y la adaptación del movimiento.

d) **Contenidos**. Este tema está relacionado con el primer bloque de **contenidos**, "El cuerpo y sus habilidades perceptivo motrices" porque este tema trata del desarrollo de los contenidos básicos de la etapa que servirán para posteriores aprendizajes más complejos, donde seguir desarrollando una amplia competencia motriz.

e) **Criterios de evaluación**. También algunos criterios y estándares de aprendizaje hacen referencia a coordinación y equilibrio. Por ejemplo, el 1: "Resolver situaciones motrices con diversidad de estímulos y condicionantes espacio-temporales, seleccionando y combinando las habilidades motrices básicas y adaptándolas a las condiciones establecidas de forma eficaz.

f) **Estándares de aprendizaje**. Ponemos algunos ejemplos:
 1.1. Adapta los desplazamientos a diferentes tipos de entornos y de actividades físico deportivas y artístico expresivas ajustando su realización a los parámetros espacio-temporales y manteniendo el equilibrio postural.
 1.2. Adapta la habilidad motriz básica de salto a diferentes tipos de entornos y de actividades físico deportivas y artístico expresivas, ajustando su realización a los parámetros espacio-temporales y manteniendo el equilibrio postural.
 1.3. Adapta las habilidades motrices básicas de manipulación de objetos (lanzamiento, recepción, golpeo, etc.) a diferentes tipos de entornos y de actividades físico deportivas y artístico expresivas aplicando correctamente los gestos y utilizando los segmentos dominantes y no dominantes.
 1.4. Aplica las habilidades motrices de giro a diferentes tipos de entornos y de actividades físico deportivas y artístico expresivas teniendo en cuenta los tres ejes corporales y los dos sentidos, y ajustando su realización a los parámetros espacio temporales.
 1.5. Mantiene el equilibrio en diferentes posiciones y superficies.

Por otro lado, el R.D. 126/2014, indica que uno de los elementos curriculares de la Educación Física pasa por la creación de "*cinco tipos de situaciones motrices*". Una de ellas está muy relacionada con la habilidad motriz, como son las "*acciones motrices individuales en entornos estables*".

2.6. ACTIVIDADES PARA EL DESARROLLO DE LAS CAPACIDADES PERCEPTIVO-MOTRICES.

Tratamos este punto siguiendo, entre otros, a Loudes (1973), Lagrange (1984), Cuenca y Rodao (1986), Corpas, Toro y Zarco (1994), Lleixá (1995), Campo (2000), García y Berruezo (2000), Aragunde (2000), Graña (2000a), Graña (2000b), Conde (2001), Gil (2003), Escobar (2004), Desrosiers y Tousignant (2005), Rigal (2006), Pastor -coord.- (2007), Hernández Fernández (2008), Gallego (2010), Gil Madrona -coord.- (2013), (Zagalaz, Cachón y Lara, 2014) y Sassano (2015).

Planteamos ejemplos a modo de actividades **sugerentes** y no como modelos tipo para el desarrollo de las habilidades perceptivo motrices.

Actividades prácticas relacionadas con el conocimiento del cuerpo.

- Medios de conocimiento del propio cuerpo: Niñas y niños deben saber nombrar y señalar las partes esenciales de su cuerpo, movilizar los segmentos, etc.
- Señalar y tocar las diferentes partes del cuerpo, movimientos de cabeza, cuello, etc. Imitaciones de movimientos, señalar o tocar en el compañero las partes del cuerpo, etc.

Actividades prácticas relacionadas con la actitud y postura.

- **Educación de sensaciones**, ya que el sistema muscular tónico no es más que un ejecutante fiel de los impulsos motrices puestos en marcha por los reflejos gravitatorios.
- **Los trastornos vertebrales** se mejoran fortaleciendo y flexibilizando la musculatura debilitada de los abdominales y del resto de los grupos musculares que intervienen en el mantenimiento de la postura. Por ejemplo, desplazamientos no habituales, encogerse-estirarse, etc.

Actividades prácticas relacionadas con la respiración.

Antes de realizar las actividades respiratorias, es preciso cuidar que niñas y niños tengan sus fosas nasales destapadas, todas y todos deben aprender a sonarse y a tomar conciencia de lo beneficioso que supone para una buena respiración tener una nariz libre y limpia. Las actividades de respiración deben ir precedidas de ejercicios de relajación y siempre evitar la apnea. Por ejemplo, que tomen conciencia de las dos fases de la respiración: inspiración y espiración; con el papel en el suelo soplar y tratar de conseguir cierto desplazamiento; poner la mano delante de la boca y notar el soplo; notar como el aire sale de la nariz; escuchar el ruido de la respiración; etc.

Actividades prácticas relacionadas con la relajación.

Nos será relativamente más fácil si seguimos la siguiente **progresión**:

- Lograr que permanezcan inmóviles y en silencio treinta segundos. Después un minuto, dos... Sólo tras varias sesiones de este tipo podremos hacer con éxito un trabajo efectivo.
- Que el niño tome constancia de los puntos de contacto del cuerpo con el suelo.
- Descubrir la pesadez segmento tras segmento, primero en posición sentada o de pie, para pasar a tendido supino.
- Trabajar la relajación asociada a la respiración y utilizar alguna técnica de relajación.

Actividades prácticas relacionadas con la lateralidad.

Todas las actividades lúdicas donde se utilice **una parte lateral** del cuerpo, tanto al nivel de miembros superiores como inferiores. Por ejemplo, juegos de coordinación óculo-manual que se realizan con una sola mano. También a nivel de miembros inferiores, como golpear el balón con un pie, conducirlo, etc.

Actividades prácticas relacionadas con la percepción temporal.

Las más habituales se concretan en la concienciación del tempo personal, localizaciones temporales (ahora, antes, después, etc.), el ajuste motor al tiempo (seguir ritmos marcados), los conceptos de aceleraciones básicos (lento, rápido, etc.). Apreciación de velocidades, tomar conciencia de la duración, noción de simultaneidad, apreciación de la sucesión, intervalo y encadenación de movimientos.

En cuanto a ejemplos de actividades prácticas relacionadas con la **construcción del tiempo**, podemos concretar:

- **Velocidad**: desplazamientos al tiempo de distintos objetos, etc.
- **Simultaneidad-sucesión**: dar palmada cuando la pelota rodando toque la pared, etc.
- **Duración:** mantenerse sentados un tiempo determinado; movimientos a cámara lenta.
- **Cadencias**: marcha y carrera con determinado ritmo, mantener el ritmo con apoyo sonoro...

Actividades relacionadas con la percepción espacial.

Orientación con respecto a sí mismo: saltos a derecha-izquierda, delante-detrás. Golpeos con pie o mano derecha, izquierda.

Orientaciones con respecto a los otros y a los objetos: situarse a la derecha-izquierda, delante-detrás del objeto o entre dos objetos. Orientaciones de los objetos entre sí: situar objetos; decir su situación, etc.

Apreciación de distancias: saltos largos-cortos, dispersarse-concentrarse, lanzar-recibir...

Punterías: Adaptar el gesto a la distancia. Puntería sobre objetos fijos, móviles, en movimiento...

Trayectorias:

- En una sala, seguir la trayectoria indicada. Ocupación del espacio en fila, etc.
- Interiorización de las nociones de derecha-izquierda: actividades de independencia segmentaria (miembros superiores/inferiores con relajación).
- Educación de la captación visual en el sentido izquierda-derecha: transferencia del plano vertical al horizontal, reconocimiento de los colores, formas, propiedades, etc.
- Organización de los objetos con relación a sí (cuerpo y objetos en diferentes posiciones).
- Ídem, en las direcciones: por encima, por debajo ¿cómo podemos lanzar la pelota...?
- Reconocimiento de formas y tamaños con simbolización: grande/verde, pequeño/rojo, etc.

- Reversibilidad del pensamiento: esquematizar en la pizarra las diferentes actividades anteriores de orientación y desplazamientos. Después, efectuar los recorridos.

- Las relaciones en el espacio: noción de superficie (diferentes evoluciones, agrupamientos, cubrir el espacio, etc.); noción de situación (dispersión, situarse a un lado u otro de la sala), noción de distancia (lanzamientos contra la pared: cerca-lejos, arriba-abajo, derecha-izquierda); noción de intervalo (caminar/saltar entre obstáculos pequeños, etc.).

- Apreciación de alturas y trayectorias: lanzamientos de pelotas para pasarlas a través de aros a diferentes alturas, atajar pelotas de diferentes tamaños variando las distancias.

CONCLUSIONES

En el Tema ha quedado de manifiesto la importancia que tiene durante la Etapa Primaria, sobre todo en los primeros cursos, los tres grandes apartados de que consta: esquema corporal, lateralización y las capacidades perceptivo-motrices. Es, sobre todo, responsabilidad del docente especialista el desarrollo de estos aspectos, así como su control, de tal forma que cualquier irregularidad debe ponerla de inmediato en conocimiento de la familia para un tratamiento individualizado. Todas las coordinaciones y habilidades motrices están basadas en un escalón previo que es la percepción del propio cuerpo, espacio y tiempo que, en realidad, casi siempre, van unidos. Lo mismo podemos decir sobre la ligazón existente entre las percepciones y los aprendizajes escolares básicos: lecto-escritura. Prueba de ello es el valor que se les da a las percepciones en el D.C.

En la etapa de la Educación Primaria la Educación Física permite a los estudiantes explorar su potencial motor a la vez que desarrollan las competencias motrices básicas. Eso implica movilizar toda una serie de habilidades motrices, actitudes y valores en relación con el cuerpo, a través de situaciones de enseñanza-aprendizaje variadas, en las que la experiencia individual y la colectiva en los diferentes tipos de actividades permitan adaptar la conducta motriz a los diferentes contextos. En esta etapa, la competencia motriz debe permitir comprender su propio cuerpo y sus posibilidades y desarrollar las habilidades motrices básicas en contextos de práctica, que se irán complicando a medida que se progresa en los sucesivos cursos. Las propias actividades y la acción del docente ayudarán a desarrollar la posibilidad de relacionarse con los demás, el respeto, la colaboración, el trabajo en equipo, la resolución de conflictos mediante el diálogo y la asunción de las reglas establecidas, el desarrollo de la iniciativa individual y de hábitos de esfuerzo.

BIBLIOGRAFÍA

- AJURIAGUERRA, J. y AUZIAS, M. (1981). *La escritura del niño*. Laia. Barcelona.
- ARAGUNDE, J. L. (2000). *Equilibrio*. En *Fundamentos de la motricidad*. TRIGO, E. (coord.). Gymnos. Madrid.
- ARUFE, V. y otros. (2009). *La Educación Física en la sociedad actual*. Wanceulen. Sevilla.
- BUENO, M.; DEL VALLE, S.; DE LA VEGA, R. (2011). *Los contenidos perceptivomotrices, las habilidades motrices y la coordinación*. Virtual Sport. Segovia.
- BERNAL, J. A. -coord.-. (2005). *La relajación y respiración en la educación física y el deporte*. Wanceulen. Sevilla.
- CAMPO, G. E. (2000). *El Juego en la Educación Física Básica*. Kinesis. Armenia. Colombia.

- CAÑIZARES, J. Mª (1996). *400 Juegos y ejercicios por Parejas para el desarrollo de las Habilidades Básicas*. Wanceulen. Sevilla.
- CAÑIZARES, J. Mª (1998). *200 Juegos y ejercicios por Tríos para el desarrollo de las Habilidades Básicas*. Wanceulen. Sevilla.
- CASTAÑER, M y CAMERINO, O. (1991). *La educación física en la enseñanza primaria*. INDE. Barcelona.
- CONTRERAS, O. R. y GARCÍA, L. M. (2011). *Didáctica de la Educación Física. Enseñanza de los contenidos desde el constructivismo*. Síntesis. Madrid.
- CONDE, J. L. -coord.- (2001). *Juegos para el desarrollo de las habilidades motrices en Educación Infantil*. Aljibe. Málaga.
- CONDE, J. L. y VICIANA, V. (2001). *"Fundamentos para el desarrollo de la motricidad en edades tempranas"*. Aljibe. Málaga.
- CORPAS, F; TORO, S. y ZARCO, J. (1994). *Educación Física en la Enseñanza Primaria*. Aljibe. Málaga.
- CUENCA, F. y RODAO, F. (1984). *Cómo desarrollar la psicomotricidad en el niño*. Narcea. Madrid.
- DAURAT-HMELJAK, C.; STAMBAK, M. y BERGÈS, J. (1980). *"Test del esquema corporal: una prueba de conocimiento y de construcción de la imagen del cuerpo"*. Madrid.
- DELGADO, M. y TERCEDOR, P. (2002). *Estrategias de intervención en educación para la salud desde la Educación Física*. INDE. Barcelona.
- DESROSIERS, P. y TOUSIGNANT, M. (2005). *Psicomotricidad en el aula*. INDE. Barcelona.
- ESCOBAR, R. (2004). *Taller de psicomotricidad*. Ideas Propias Editorial. Pontevedra.
- FERNANDEZ GARCÍA, E. -coord.- (2002). *Didáctica de la Educación Física en la Educación Primaria*. Síntesis. Madrid.
- GALLEGO, F. (2010). *Esquema corporal y praxia. Bases conceptuales*. Wanceulen. Sevilla.
- GARCÍA, J. A. y BERRUEZO, P. P. (2000). *Psicomotricidad y Educación Infantil*. CEPE S. L. Madrid.
- GIL, P. (2003). *Desarrollo psicomotor en Educación Infantil*. Wanceulen. Sevilla.
- GIL MADRONA, P. -coord.- (2013). *Desarrollo curricular de la Educación Física en la Educación Infantil*. Ediciones Pirámide. Madrid.
- GRAÑA, I. (2000a). *Espacialidad*. En *Fundamentos de la motricidad*. TRIGO, E. (coord.). Gymnos. Madrid.
- GRAÑA, I. (2000b). *Temporalidad*. En *Fundamentos de la motricidad*. TRIGO, E. (coord.). Gymnos. Madrid.
- GUERRERO, S. (2005). *La Relajación y la Respiración*. Wanceulen. Sevilla.
- HERNÁNDEZ FERNÁNDEZ, A. (2008). *Psicomotricidad: Fundamentación teórica y orientaciones prácticas*. Universidad de Cantabria. Santander.
- JUNTA DE ANDALUCÍA (2007). *Ley 17/2007, de 10 de diciembre, de Educación en Andalucía*. (L. E. A.) B.O.J.A. nº 252, de 26/12/2007.
- JUNTA DE ANDALUCÍA (2010). *Decreto 328/2010, por el que se aprueba el Reglamento Orgánico de las escuelas infantiles de segundo grado, de los colegios de educación infantil y primaria, de los colegios de educación primaria, y de los centros públicos específicos de educación especial*. BOJA nº 139, de 16/07/2010.
- JUNTA DE ANDALUCÍA (2015). *Decreto 97/2015, de 3 de marzo, por el que se establece la ordenación y el currículo de la educación Primaria en la comunidad Autónoma de Andalucía*. BOJA nº 50 de 13/03/2015.
- JUNTA DE ANDALUCÍA (2015). *Orden de 17 de marzo de 2015, por la que se desarrolla el currículo correspondiente a la educación Primaria en Andalucía*. BOJA nº 60 de 27/03/2015.

- JUNTA DE ANDALUCÍA (2015). *Orden de 04 de noviembre de 2015, por la que se establece la ordenación de la evaluación del proceso de aprendizaje del alumnado de educación primaria en la Comunidad Autónoma de Andalucía.* B.O.J.A. nº 230, de 26/11/2015.
- JUNTA DE ANDALUCÍA (2007). *Acuerdo de 23/01/07, del Consejo de Gobierno, por el que se aprueba el Plan de Lectura y de Bibliotecas Escolares en los Centros Educativos Públicos de Andalucía (Plan LYB).* B. O. J. A. nº 29 de 08/02/07.
- JUNTA DE ANDALUCÍA (2010). *Decreto 328/2010, de 13 de julio, por el que se aprueba el Reglamento Orgánico de las escuelas infantiles de segundo grado, de los colegios de educación primaria, de los colegios de educación infantil y primaria, y de los centros públicos específicos de educación especial.* BOJA nº 139, de 16/07/2010.
- LAGRANGE, G. (1968). *Educación Psicomotriz.* Fontanella. Barcelona.
- LE BOULCH, J. (1987). *La educación psicomotriz en la escuela primaria.* Paidós. Buenos Aires.
- LOUDES, J. (1973). *Educación psicomotriz y actividades físicas.* Científico-Médica. Barcelona.
- LLEIXÁ, T. (1995). *Juegos sensoriales y de conocimiento corporal.* Paidotribo. Barcelona.
- MARTÍN, D. (2008). *Psicomotricidad e intervención educativa.* Pirámides. Madrid.
- MARUGÁN, M. (2006). *Screening o profilaxis comportamental: un modelo de aplicación con iguales en Educación Infantil.* Cuaderno Digital, 42. Valencia.
- M. E. C. (2006). *Ley Orgánica de Educación (L.O.E.) 2/2006, de 3 de mayo, de Educación.* B. O. E. nº 106, de 04/05/2006, modificada en determinados artículos por la LOMCE/2013.
- M. E. C. (2013). *Ley Orgánica 8/2013, de 9 de diciembre, para la mejora de la calidad educativa. (LOMCE).* B. O. E. nº 295, de 10/12/2013.
- M. E. C. (2014). *Real Decreto 126/2014, de 28 de febrero, por el que se establece el currículo básico de la Educación Primaria.* B. O. E. nº 52, de 01/03/2014.
- M.E.C. (2015). *Orden ECD/65/2015, de 21 de enero, por la que se describen las relaciones entre las competencias, los contenidos y los criterios de evaluación de la educación primaria, la educación secundaria obligatoria y el bachillerato.* B.O.E. nº 25, de 29/01/2015.
- OÑA, A. (2005). *Actividad física y desarrollo: ejercicio físico desde el nacimiento.* Wanceulen. Sevilla.
- PASTOR, J. L. (coord.) (2007). *Motricidad.* Wanceulen. Sevilla.
- PIAGET, J. (1969). *El nacimiento de la inteligencia en el niño.* Aguilar. Madrid.
- PICQ Y VAYER (1973). *Educación psicomotriz y retraso mental.* Científico-Médica. Barcelona.
- PIÑEIRO, R. (2006). *La resistencia y el sistema cardiorrespiratorio.* Wanceulen. Sevilla.
- PRADO, D. y CHARAF, m. (2000). *Relajación creativa.* INDE. Barcelona.
- RIGAL, R. (2006). *Educación motriz y educación psicomotriz en Preescolar y Primaria.* INDE. Barcelona.
- RIVADENEYRA, Mª L. (2004). *Desarrollo de la motricidad en los distintos contextos deportivos.* Wanceulen. Sevilla.
- RIVADENEYRA, Mª L. y SICILIA, A. (2004). *La percepción espacio-temporal y la iniciación a los deportes de equipo en Primaria.* INDE. Barcelona.
- ROMERO CEREZO, C. (2000). *Las capacidades perceptivo-motrices y su desarrollo.* En ORTIZ, Mª M. (coord.) *Comunicación y lenguaje corporal.* Proyecto Sur Ediciones. Granada.
- SASSANO, M. (2015). *El cuerpo como origen del tiempo y del espacio.*

Enfoques desde la Psicomotricidad. Miño y Dávila editores. Buenos Aires.
- SHINCA, M. (2011) *Manual de psicomotricidad, ritmo y expresión corporal.* Wolters Kluwer España, S. A. Ebook.
- TAMARIT, A. (2016). *Desarrollo cognitivo y motor.* Síntesis. Madrid.
- TASSET, J. M. (1980). *Teoría y práctica de la psicomotricidad.* Paidós. Buenos Aires.
- VALÍN, A. (2010). *Expresión Corporal y Técnicas Corporales.* Librerías Deportivas Esteban Sanz. Madrid.
- VAYER, P. (1977) *El niño frente al mundo.* Científico-Médica. Barcelona.
- WALLON, H. (1979). *Del acto al pensamiento.* Grijalbo. Barcelona.
- ZAGALAZ, Mª L.; CACHÓN, J.; LARA, A. (2014). *Fundamentos de la programación de Educación Física en Primaria.* Síntesis. Madrid.

WEBGRAFÍA (Consulta en octubre de 2015).

- http://recursos.cnice.mec.es/edfisica/
- http://www.ite.educacion.es/es/recursos
- http://www.educarm.es/admin/recursosEducativos#nogo
- http://www.juntadeandalucia.es/averroes/
- http://www.gobiernodecanarias.org/educacion/webdgoie/
- http://www.educastur.es
- http://www.guiaderecursos.com/webseducativas.php
- http://www.adideandalucia.es
- http://recursostic.educacion.es/primaria/ludos/web/index.html
- www.juntadeandalucia.es/educacion/descargasrecursos/curriculo-primaria/index.html

www.ingramcontent.com/pod-product-compliance
Lightning Source LLC
Chambersburg PA
CBHW080256170426
43192CB00014BA/2691